サンカクくんと
問題解決！

学校司書・司書教諭・図書館担当者のための
学校図書館スタートガイド

学校図書館スタートガイド編集委員会 編・著

少年写真新聞社

もくじ

はじめに こんなことに悩んでいませんか？ …………………………………………4

そもそも学校図書館とは ……………………………………………………7

学校図書館の業務モデルとこのガイドの構成について ……………………9
学校図書館の業務モデル／三角形のバランスが重要／陥りがちなバランスの乱れ

自分の状況を把握してみましょう ………………………………………… 14

学校図書館スタートガイド ……………………………………………… 15

初期メニュー 着任して一番初めにすること ………………………… 16
着任から開館までに確認しよう／貸出を始める前に確認しよう／オリエンテーションの準備をしよう

α 知る ……………………………………………………………………… 20
1. 図書館の基本的な情報・利用状況を知る ……………………………… 20
2. 学校を「知る」ための手段 ……………………………………………… 21
3. 学校運営の概要を知る …………………………………………………… 22
4. 学校運営の流れを知る …………………………………………………… 22
   コラム 誰に相談するか、どこに相談するか ………………………… 23
5. 1日の流れを知る ………………………………………………………… 25
   コラム 兼務の職員の工夫 ……………………………………………… 25
6. 授業を知る ………………………………………………………………… 27
7. 職員体制を知る …………………………………………………………… 27
8. 学校の機器類を知る ……………………………………………………… 27

次のページからの表の見方………………………………………………………… 29

I 整える ……………………………………………………………………… 30
I 整える−1 選書………………………………………………………………… 30
　　選書の参考に ……………………………………………………………… 32
　　コラム 図書費をどう使う？ ………………………………………… 34
I 整える−2 受入………………………………………………………………… 35
　　コラム 装備は資料を知る機会 ……………………………………… 37
I 整える−3 配架………………………………………………………………… 38

|コラム| 棚を整える ･･･ 40
　Ⅰ整える－4 除籍 ･･･ 41

Ⅱ 応える ･･ 44
　Ⅱ応える－1 貸出 ･･･ 44
　Ⅱ応える－2 予約・リザーブ（取り置き）････････････････････････ 47
　Ⅱ応える－3 予約・リクエスト ･････････････････････････････････ 50
　Ⅱ応える－4 相互貸借 ･･･ 52
　Ⅱ応える－5 レファレンス（参考業務）･････････････････････････ 54

Ⅲ 働きかける ･･ 56
　Ⅲ働きかける－1 広報（図書館だより・掲示板）･････････････････ 56
　Ⅲ働きかける－2 イベント・行事・企画 ･････････････････････････ 62
　Ⅲ働きかける－3 コーナー作り ･････････････････････････････････ 65
　Ⅲ働きかける－4 オリエンテーション（新入生・在校生）･･･････････ 68
　Ⅲ働きかける－5 職員向けオリエンテーション ･･････････････････ 71
　Ⅲ働きかける－6 読み聞かせ・ブックトーク等の実演 ････････････ 73
　　|コラム| 誰に、どのようにお願いするの？ ････････････････････ 74
　Ⅲ働きかける－7 授業支援 ･････････････････････････････････････ 75
　　|コラム| 「図書の時間」って？ ･･････････････････････････････ 77

β 連携する ･･ 78
　1．校内で連携する ･･･ 78
　　|コラム| 気になる児童生徒への対応 ･････････････････････････ 80
　2．学校外と連携する ･･･ 82
　　|コラム| 相互貸借（I市の事例）････････････････････････････ 83

用語解説 ･･ 84

付　録 ･･ 89
　ちいさなことから始めよう！学校図書館サービスチャンス発見シート ････ 90
　できることから授業支援　授業支援準備シート ････････････････････ 95

　あとがき ･･ 108
　資料 ･･ 110

はじめに

こんなことに悩んでいませんか？

学校図書館って何か違う？

司書の資格はあるけど、公共図書館と学校図書館の仕事はなんだか勝手が違って不安です……。

「学校」といってもいろいろ！

学校といっても、小学校と高校は全然違う。同じ中学校でも学校や地域が違うと、頼まれることや、図書館の役割も変わるから、慣れるのが大変！

相談相手がいない！

学校内に同じ立場の人がいないので、誰に相談すればいいかわからないし、研修の機会も少ないし……。

何をどこまで、すればいい?!

学校司書、図書館係の先生、司書教諭、ボランティアなどなど、図書館に関わる立場の異なる複数の職員がいる。仕事の分担がはっきりしなくてやりにくい……。

資格もないのに突然仕事を任されても…

図書館係になったものの、司書や司書教諭の資格はないし、今までやったこともない。どうしたらいんだろう。

お金も時間も足りない！

がんばって仕事をすればするほど仕事は増える。でも、勤務時間や使える予算は簡単には増えないので、いつも苦しい。

☞ これらの悩みに応えます！

　この本は、学校図書館の仕事を始めた方に役立てていただきたいテキストです。

　近年の学校図書館は、多様な立場で関わる人が増えています。図書館係や司書教諭、雇用形態も勤務時間もさまざまな学校司書、また学校図書館支援の事業の中で学校図書館に関わるようになったボランティアの皆さんなどです。

　図書館の仕事は初めて。公共図書館での勤務経験はあるけれど、学校図書館は勝手が違う。パート勤務なのでできることは限られている。このように、学校図書館の仕事を始めた人は、多くの困難に出合うことでしょう。しかもたいていの場合は一人職場ですから、相談する人もなかなか見つけられません。

　私たちの身近にも同じような例があります。この本は、そのような立場の方々に役立てていただきたいと願って制作したものです。

　私たちは、学校図書館の仕事全体を三角形の業務モデルとして考え、これをサンカクくんというキャラクターにしました。サンカクくんは各場面に登場します。

　本書の構成としては、まず学校図書館の仕事の全体像を把握し、自分の立ち位置を確認できるような説明を用意しました。

　次に、学校図書館の仕事に携わった職員が直面する疑問や課題を取り上げ、基本の考えに立ち返って解決に至るための具体的な方法を記述しました。

　付録として、さらにステップアップを目指す「学校図書館サービスチャンス発見シート」「授業支援準備シート」、および「資料」を付しました。

　なお本書は、初めて学校図書館に勤務された方ばかりでなく、長年勤務を重ねた方が仕事に行き詰まりを感じたときなどに、基本に戻って問題を解決する手助けとしてもお役立ていただけることと思います。

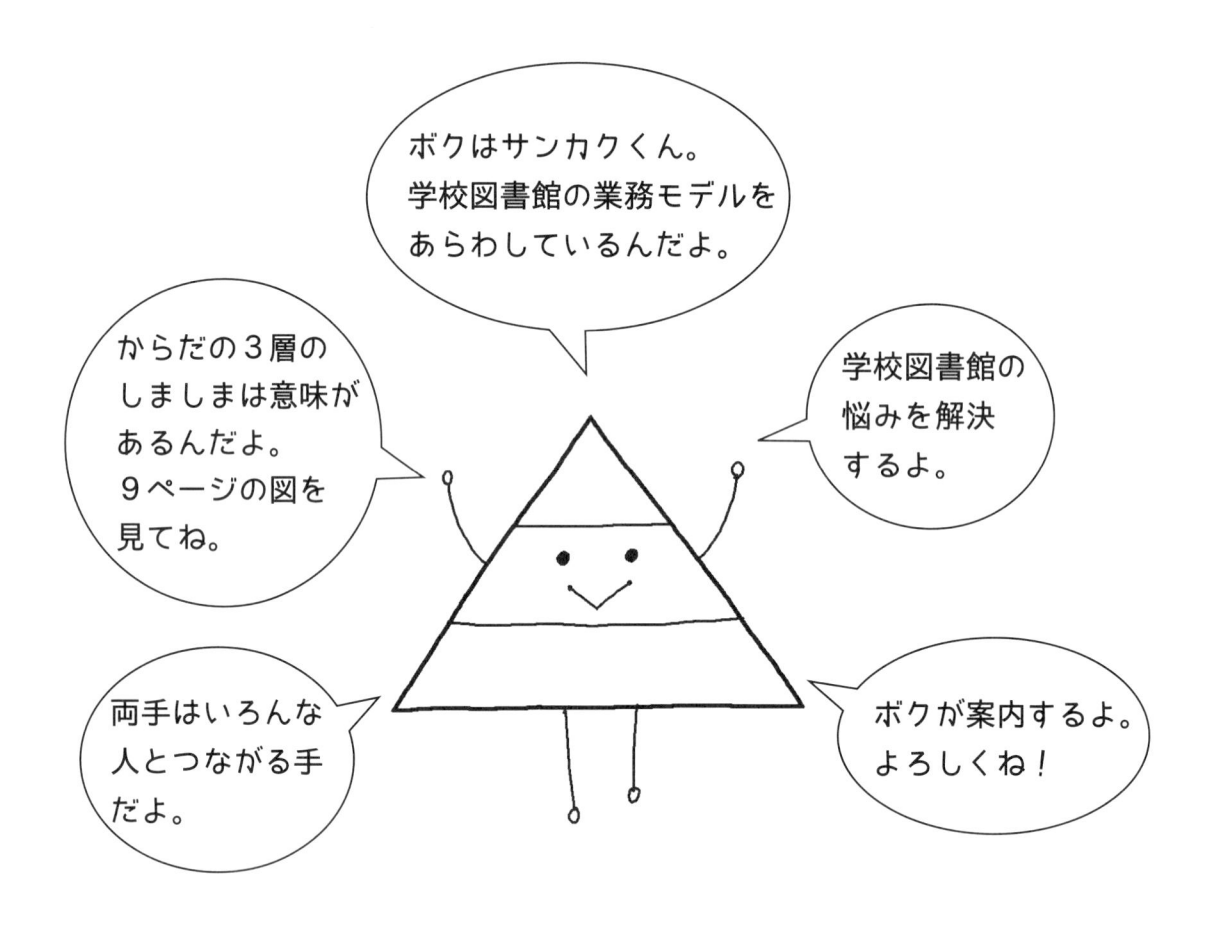

「ボクはサンカクくん。学校図書館の業務モデルをあらわしているんだよ。」

「からだの3層のしましまは意味があるんだよ。9ページの図を見てね。」

「学校図書館の悩みを解決するよ。」

「両手はいろんな人とつながる手だよ。」

「ボクが案内するよ。よろしくね！」

　学校図書館は部屋（室）ではなく、図書館という働き（機能）です。
　その業務・機能をモデル化したものが「学校図書館の業務モデル」（9ページ参照）です。本書ではその形から「サンカクくん」と呼んでいます。「サンカクくん」にはこの本の案内をするキャラクターとして活躍してもらいます。

そもそも学校図書館とは

子ども*の学びや育ちを豊かにします

　子どもは、日々の授業や生活の中で、さまざまなことに興味を持ち、問いを発見します。そして、知りたい、読みたいという気持ちが生まれます。学校図書館はそうした気持ちを大切にし、多様な資料や情報を収集し、提供することで、子どもの学びや育ちを豊かなものにしていきます。

利用者は学校の子どもと職員です

　利用者は、その学校に通っている子どもと職員です。ですから、そろえる資料も、館内の雰囲気も、提供するサービスも、対象となる子どもの年齢層を中心にして考えることができます。また、利用者との距離がとても近く、コミュニケーションがとりやすいので、子どもや職員、学校のことをよく知ったうえで図書館運営を行うことができます。

魅力的な蔵書をつくり、子どもと本をつなぎます

　子どもがワクワクしながら本棚の間を歩き回り、読みたい本を見つけ、知りたいことが調べられる魅力的な蔵書を作ります。そのためには、子どもの興味や関心、授業の内容、学校の教育活動、世の中のできごとなどを把握して、資料を収集し、分類し、配架します。学校図書館は、素敵な本が子どもの手元に届くように、子どもがとっておきの本と出合えるように、子どもと本をつなぎます。

子どもの興味を引き出し、読書の世界を広げます

　子どもの知りたい、読みたい気持ちを引き出すために、広報活動、テーマ展示、ブックトーク、読み聞かせ、図書館行事などを行います。また、一人ひとりとコミュニケーションをとりながら、その子に合った資料を紹介します。学校図書館は子どもの中にある読書への興味を引き出し、その楽しさを伝え、読書の世界を広げていきます。

授業などのさまざまな教育活動を支えます

　教員の授業作りに対して役立つ資料や情報を提供したり、資料の活用方法について教員と話し合ったりします。また、授業に必要な資料をそろえるほかにも、授業の中で資料などの調べ方や活用方法についてアドバイスをします。

　子どもはさまざまなことに興味を持ち、問いを発見し、それを調べていくことで、さらに新たな問いが生まれます。学校図書館は一人ひとりの知的好奇心に応え、幅広く多様な資料や情報を提供することで、主体的な学びを支援します。それは、調べる力、考える力、表現する力を育むことでもあります。

子どもの知る自由や読む自由を保障します

　学校図書館は子どもにとって最も身近な図書館として、子どもの知る自由や読む自由を保障します。知りたい気持ちや読みたい気持ちをしっかり受け止め、疑問をいっしょに調べたり、読みたい本を手渡したりして、子どもの要求にきちんと応えます。また、読書はその人の内面と深く結びついているので、読んでいる本や図書館利用についてプライバシーを守ります。

　知りたいことをどこまでも調べることができる、読みたいものをとことん読むことができる、こうしたことが豊かな学びや育ちを保障することにつながります。

ホッとできる居場所であり、つながりを生み出す広場です

　学校図書館は、ホッと落ち着ける居場所でもあります。また、さまざまな子どもたちが出会い、交流し、発信する広場にもなります。さらに、地域の人々ともつながり、地域とともに子どもの育ちを支えます。さまざまな人と情報とのつながりを生み出し、学校教育を豊かにします。

知る喜び、読む喜びを未来につなげます

　学校図書館は子どもにとってさまざまな出会いの場です。知的好奇心がくすぐられ、満たされ、それが知る喜びや読む喜びとなり、さらなる好奇心が生まれます。そしてこうした経験が未来を切り拓く力につながっていきます。

＊本書のほかの部分では「児童生徒」という表現に統一していますが、ここでは「子ども」を用いています。

学校図書館の業務モデルとこのガイドの構成について

　本書では学校図書館に関わる人の悩みを整理し、解決策を探るために、学校図書館の業務・機能を下のようにモデル化しました。

　このモデルは、5つの要素からなっています。
図書館が機能するための土台が「**Ⅰ整える**」。
図書館が提供する基本的なサービスが「**Ⅱ応える**」。
図書館と利用者がより豊かな活動へ向かうためのアクションが「**Ⅲ働きかける**」。
すべての業務の基礎となる、情報の収集が「**α知る**」。
図書館が機能するためにあらゆる機関・人と「**β連携する**」です。

　本書はこのモデルに沿って、各業務の基本的な機能と考え方を説明しています。

学校図書館の業務モデル

（図：ピラミッド型の業務モデル図。ピラミッドの頂点から順に「Ⅲ働きかける」「Ⅱ応える」「Ⅰ整える」。左側に「α知る」、右側に「β連携する」が配置され、それぞれからピラミッドの各層へ矢印が伸びている。）

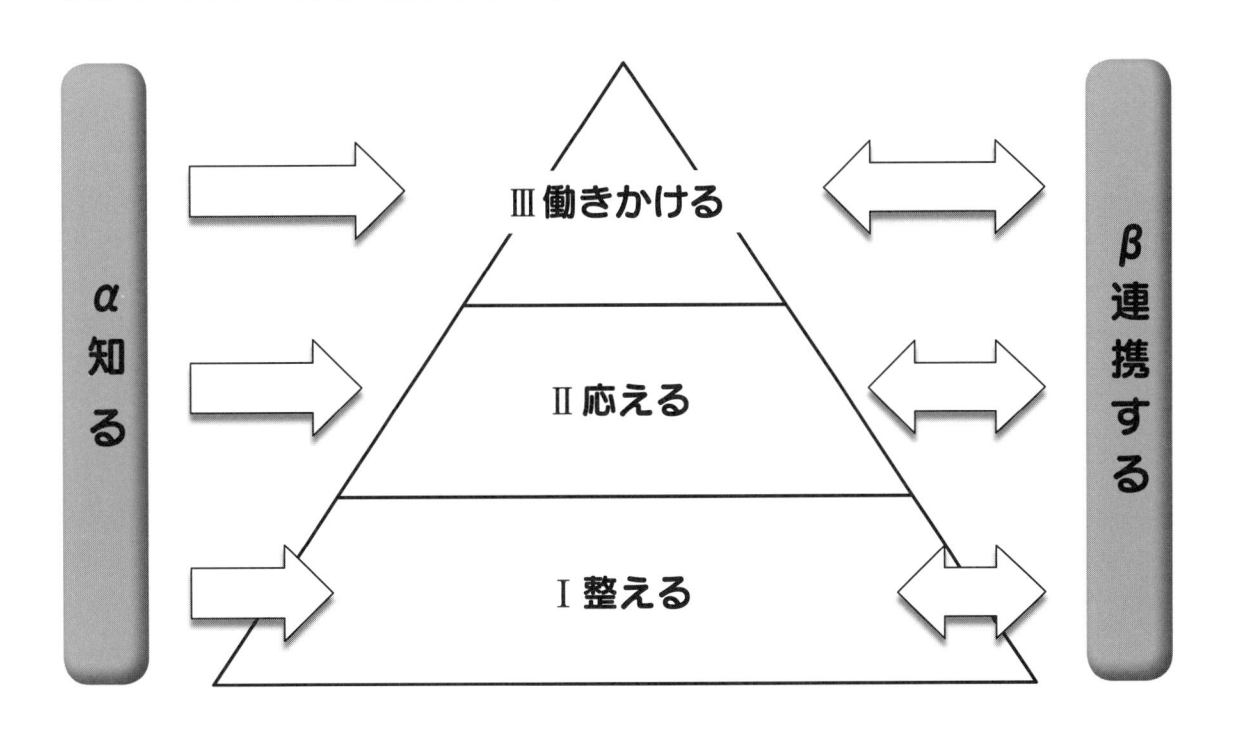

Ⅰ 整える

　選書や装備、館内整備や蔵書点検、除籍など、学校図書館が機能するために必要な業務を**「整える」**とします。これは学校図書館の基礎となる部分で、欠くことはできません。しかしこれだけを充実させても、それを利用する活動（貸出、レファレンスなど）が少ない状態では、学校図書館としての機能を果たしているとはいえません。

Ⅱ 応える

　貸出、レファレンス、予約・リクエスト、相互貸借など、学校図書館が従来から求められてきた基本的なサービスを**「応える」**とし、「Ⅰ整える」の次の段階に位置づけました。利用者のこのような需要に応えていくことは、図書館サービスの根幹です。

Ⅲ 働きかける

　「Ⅰ整える」と「Ⅱ応える」の二つさえあれば学校図書館としては十分と思われがちです。しかし、例えば「貸出が少ない」、「図書館を授業で使ってもらえない」というような悩みに対しては、図書館側から利用を呼びかけるなど、積極的に**「働きかける」**ことが必要です。

α 知る

　これらの「Ⅰ整える」、「Ⅱ応える」、「Ⅲ働きかける」の大前提として、その図書館が属する学校の組織や職員・児童生徒、教育目標や理念、教育課程などの基本的な情報を把握することが欠かせません。**「知る」**ことはⅠ〜Ⅲのすべてに関わります。たとえば蔵書を構成する（整える）ことも、貸出返却（応える）も、図書館だよりを発行する（働きかける）ことも、「知る」ことなしにはできません。

β 連携する

　学校図書館は単体で機能するものではありません。周囲の人や機関と**「連携する」**ことが必要です。連携には、相互貸借のような物のやりとりや、共催イベント、相談や情報交換のような人のつながりなど、さまざまな形があります。

　館内整備などの「Ⅰ整える」業務から、相互貸借やレファレンスなどの「Ⅱ応える」業務、催し物や広報活動などの「Ⅲ働きかける」業務まで、図書館が使われるほど、連携する機会や相手が増えていきます。

連携先としては、校内の職員や児童生徒、保護者、同じ地域の学校や公共図書館、各種の類縁機関（美術館や博物館）、公共団体や市民など、学校図書館を取り巻くあらゆる人と機関があげられます。

三角形のバランスが重要

　時間も人手も予算も限られた状況で、Ⅰ、Ⅱ、Ⅲ、α、β、のすべてを完璧にこなすのは難しいことです。やればやるほどこの三角形は大きくなり、時間も人手も予算もそれまで以上に必要になります。このモデルは、与えられた条件（時間・人手・予算）下で、三角形のバランスを意識して図書館業務を行っていくことで、学校図書館本来の役割・機能を果たすためのものです。業務の優先順位に迷う場合に、判断の目安とすることができます。

規模のちいさな図書館でも

時間・人手・予算の制約がある場合、業務の規模（＝三角形の面積）はちいさくなるが、三角形のバランスを保つことで、学校図書館としての本来の役割・機能を果たす。

［図：α知る → Ⅲ′働きかける／Ⅱ′応える／Ⅰ′整える（小さな三角形）、Ⅲ働きかける／Ⅱ応える／Ⅰ整える（大きな三角形） ↔ β連携する］

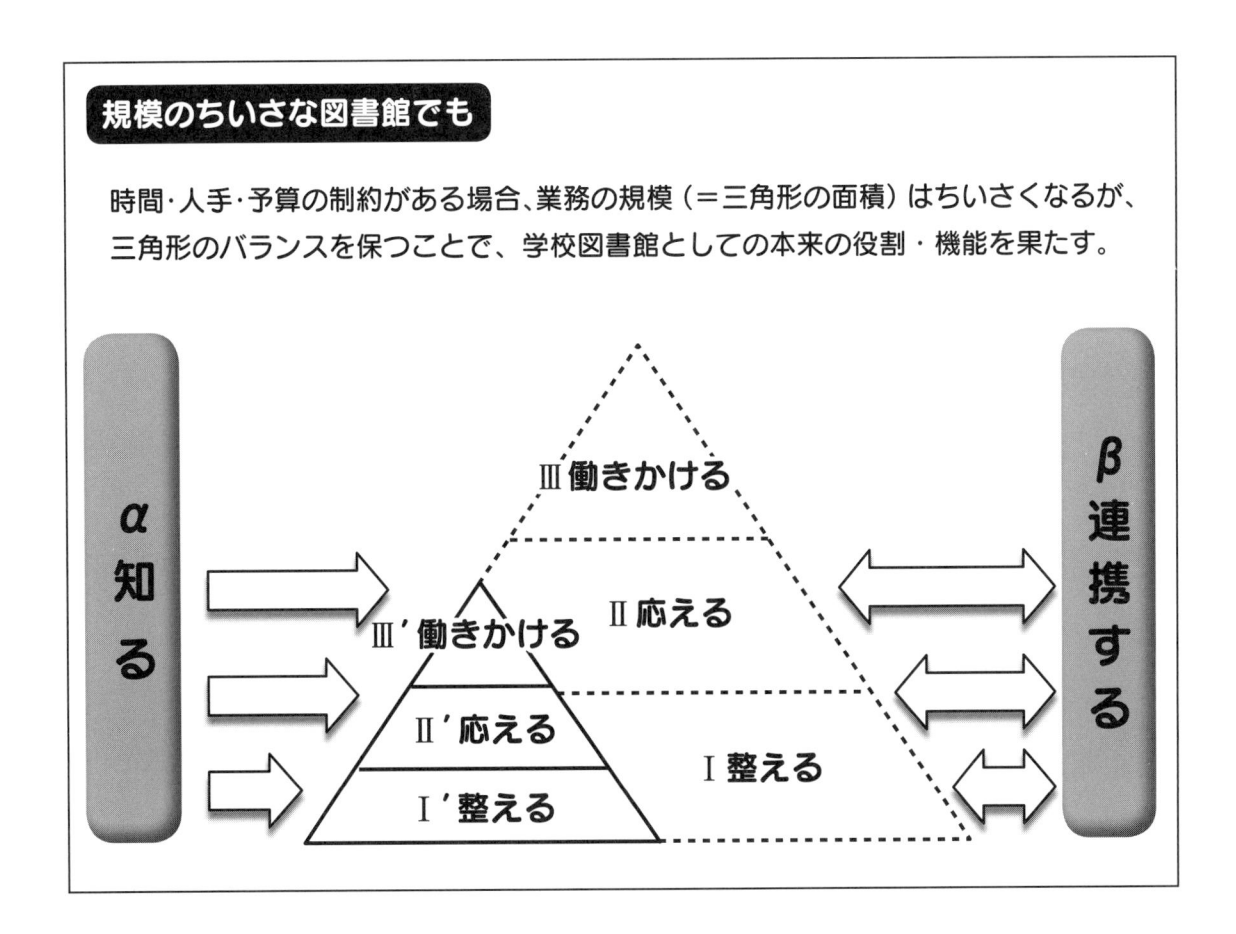

陥りがちなバランスの乱れ

　学校規模や需要に対して、あまりにも貧弱な条件（時間・人手・予算）下で図書館活動を強いられ、この三角形の規模やバランスの維持が難しい場合、時間・人手・予算などの改善を働きかける必要があります。

　ここでは陥りがちなバランスの乱れを例としてあげ、改善のための考え方、働きかけの手がかりを示します。

● **Ⅱの割合が大きくてⅠ・Ⅲに手が回らない**

　貸出返却やリクエストなどに「**Ⅱ応える**」ことは、図書館の最も基本的な業務なので、勤務時間が限られている場合などは特に、「応える」ことだけに忙殺されてほかの業務に手が回らないことがよくあります。

　しかし、今まで人がいなかった図書館を任された場合、本が分類順に並んでいなかったり、図書原簿がなかったり、貸出のための仕組みが十分に整っていない状態＝「**Ⅰ整える**」がきわめて手薄なことがあります。

　この場合、配架や原簿や貸出方式などの図書館としての物理的な条件を一切「整える」ことなしに、たとえば貸出返却作業や図書の時間の読みきかせなど特定の需要にのみ「応える」ことは、長い目で見て児童生徒の図書館活用能力向上に資することができません。

　限られた勤務時間のなかで「応える」ための業務量が多すぎるときや、「整える」ことが困難な場合は、「**β連携する**」の一環として、学校の職員や児童生徒、PTAの手を借りる、業務効率化（コンピュータ貸出システムなど）を目指して予算獲得を働きかけるなどの工夫が必要です。

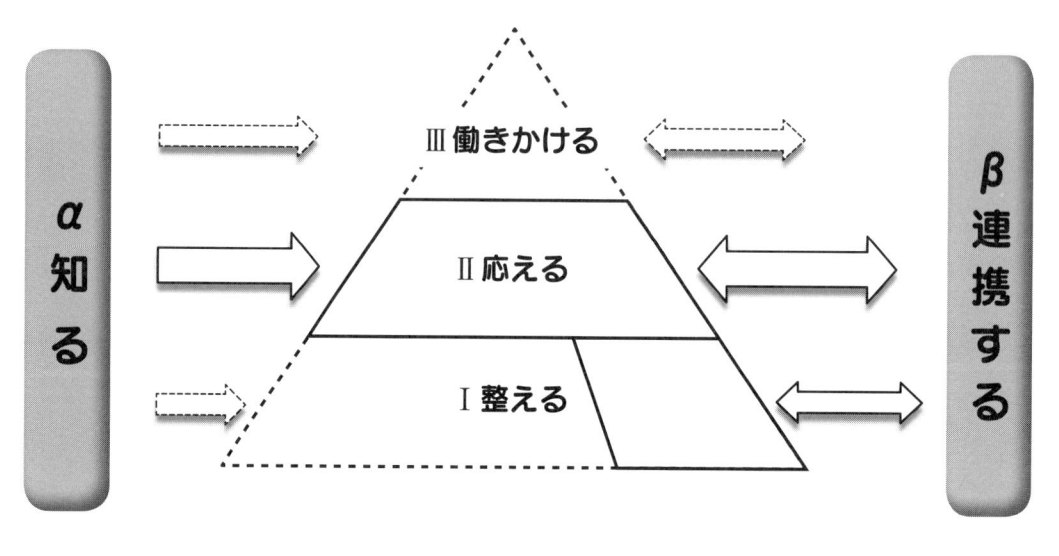

● **Ⅰの割合が大きくてⅡ・Ⅲが不活発**

また、図書館職員がその勤務時間のすべてを蔵書の組織化（選書・配架・装備など「Ⅰ**整える**」こと）だけに費やして、児童生徒の読みたい・知りたい要求に「**Ⅱ応える**」ことも、その要求を喚起するための「**Ⅲ働きかける**」こともできないのでは学校図書館としての役割や機能を果たせていないことになります。

図書館内すべてを完璧に整えられなくても、まずは利用が多い読み物の整理を優先して、読み物だけ先に貸出を開始する、ここ数年購入した本を優先的に装備して、その図書リストを職員に配布して利用を呼びかけるなどの工夫ができます。

貸出や授業利用の需要を作り出すことが、「整える」の作業への協力を周囲の人に求める（連携する）ための根拠になります。整える時間が足りないと、「応える」「連携する」まで手が回らないと思いがちですが、ちいさな三角形を作ることから始めましょう。

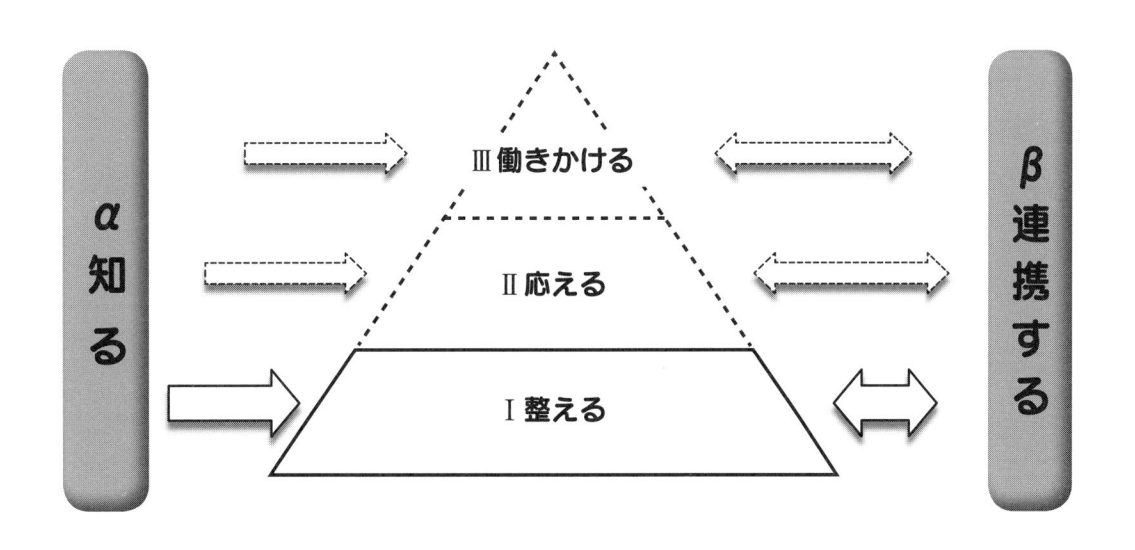

自分の関わる学校図書館や学校組織について知り、この三角形のモデルに当てはめてみて、バランスの悪い部分、各所に働きかけて力を入れる必要がある部分、短期的には保留・省略してもいい部分、などを見つけて、児童生徒・職員に、より活発に利用される学校図書館運営にいかしてください。

自分の状況を把握してみましょう

「学校図書館に関わる人(図書館職員)」と一口にいっても、名称や雇用条件はさまざまです。

名　称	学校司書・司書・司書教諭・図書主任・図書館事務職員 読書指導員・読書支援員 など
立　場	正規職員・嘱託職員・非常勤職員・臨時職員・公共図書館からの派遣・PTA雇用・民間委託・ボランティア(有償・無償) など
関わる時間	フルタイム・毎日だが短時間勤務・毎日ではない勤務(週3日・月に数日など)・複数校兼務・事務などほかの職種との兼務

学校図書館に関わることになったあなたは、どの状態に近いですか?

① 今まで図書館に人はいた？　　　　　　　　　YES　　　NO
② 一校・専任・フルタイムで仕事ができる？　　YES　　　NO
③ 業務マニュアルはある？　　　　　　　　　　YES　　　NO
④ 図書館で仕事をした経験はある？　　　　　　YES　　　NO
⑤ 相談できる人はいる？　　　　　　　　　　　YES　　　NO

全部がYESの人 ⇒ この本でチェックしながら「サンカク」のどの部分が不足しているのか見つけましょう。「知る」・「連携する」にも目を配りましょう。

①がNOの人 ⇒ 今まで整備がなされていなかったので、「サンカク」の「整える」が最優先です。利用を促す手だても考えながら仕事をしましょう。

②がNOの人 ⇒ 日数や時間に制限があるときは、優先順位を考えます。「サンカク」自体は小さくなっても、バランスを考えて仕事をしましょう。

③④⑤がNOの人 ⇒ この本がすべて役に立ちます。できることから始めましょう。また、「連携する」を参考にして相談できる人を探しましょう。

学校図書館スタートガイド

初期メニュー・α・Ⅰ・Ⅱ・Ⅲ・β

初期メニュー　着任して一番初めにすること

- 自分の雇用条件を確認しておきましょう
- 着任したら、職員会議などで職員に紹介してもらいましょう

初日はスーツで！

着任初日や、年度・学期の初めはきちんとした服装がよいでしょう。全校生徒の前で紹介されたり、式典の手伝いがあったりしてもあわてずにすみます。

着任から開館までに確認しよう

「今日からお願いします」と言われても、同じ仕事をしている人が近くにいなくて、一人で何をすべきか途方にくれる人が多いのではないでしょうか。まずは、引き継ぎ書などを参考に、自分の仕事と環境を確認することから始めてみましょう。

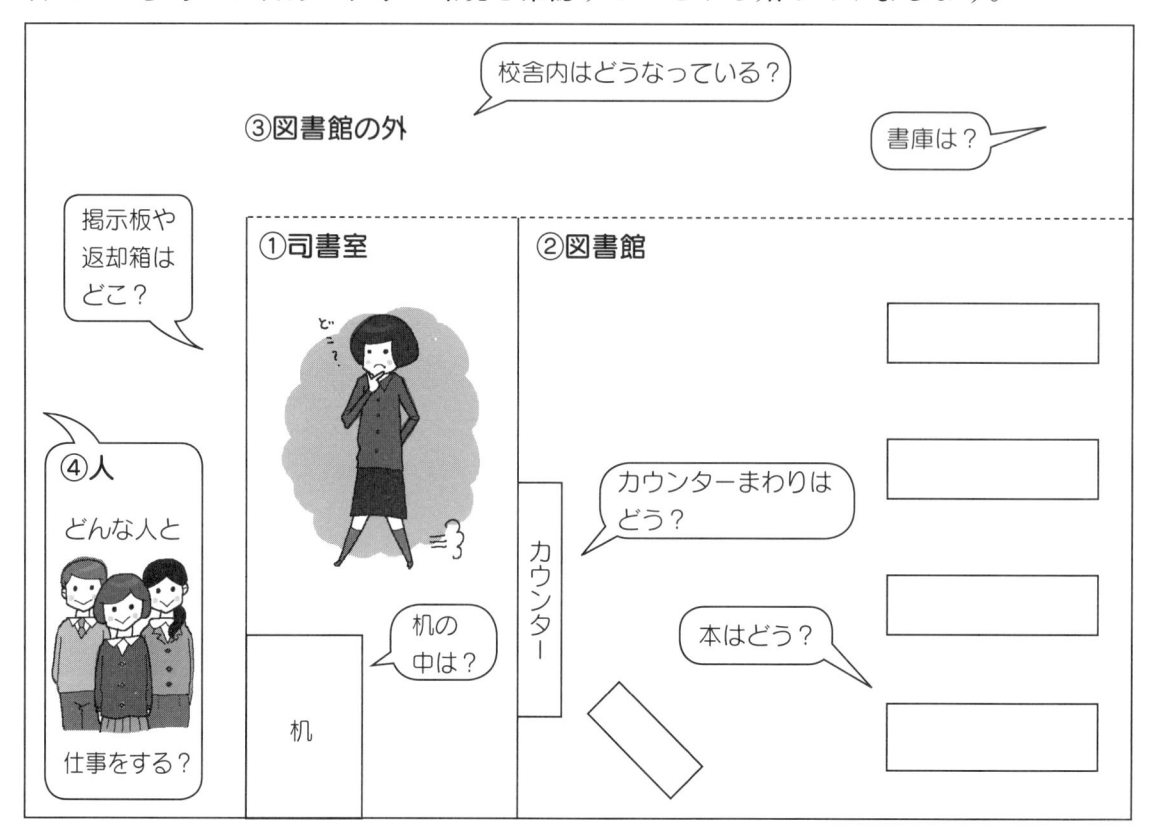

③図書館の外
- 校舎内はどうなっている？
- 書庫は？
- 掲示板や返却箱はどこ？

①司書室
- 机の中は？

②図書館
- カウンターまわりはどう？
- 本はどう？

④人
- どんな人と仕事をする？

1．司書室──自分の机まわりを確認しよう

　仕事に必要な物がどこにしまってあるかを確認しましょう。また、消耗品は足りなくなったら事務でもらえるのか、それとも図書館で購入するのかなどを聞きましょう。

- ○ 貸出用品……ブックカード、個人カード、貸出簿[※1]、代本板[※2]など、自分の図書館の貸出処理に必要なものはそろっていますか？

  [※1] [※2] 利用者のプライバシーが守られるよう、貸出簿・代本板はいずれ使わない方向で検討する。p.44・45参照

- ○ 文房具……机の引き出しだけではなく、司書室の棚に何が入っているか、確認しておきましょう。

- ○ 装備用品……ラベル、本にかけるフィルム、カード類、スタンプなど、図書の受入や装備、貸出返却の処理に必要なものはそろっていますか？

- ○ 伝票類……注文票、支払伝票など、本の購入に必要なものと手順を確認しましょう。事務の担当者に聞くのもよいでしょう。

- ○ 帳簿ファイル類……購入簿・図書原簿・除籍簿・統計簿などいろいろなファイルがあります。何があるかを確認しましょう。

- ○ コンピュータ……コンピュータの中身だけではなく、事務用・貸出処理用の端末、プリンター、サーバーなどの使い方やマニュアルの所在を確認しましょう。また、周辺機器の消耗品（紙やトナーなど）がなくなったら誰に聞けばよいかなども確認しましょう。

- ○ ロッカー……私物をしまっておく場所はありますか？

- ○ 鍵……入り口や書庫の鍵だけでなく、机や棚や引き出しの鍵など。また図書館以外の教室の鍵を、図書館職員が管理することもあります。

2．図書館──カウンターや本を確認しよう

　図書館の中はどうなっているでしょうか。カウンターまわりから本棚の本まで確認しましょう。この時に写真を撮っておくとよいでしょう。

- ○ カウンターまわり……貸出用コンピュータ、カード類や貸出簿、スタンプ、リクエスト用紙、返却箱、カレンダー、文房具など、カウンターでのサービスに必要な道具を確認しましょう。

- ○ 本と本棚……館内案内図があれば、見ながら確認しましょう。別置図書も確認しましょう。

- ○ 壁面……どんな掲示物がありますか？

- ○ その他……机や椅子の数、電子黒板や授業用のホワイトボードの有無を確認しましょう。

- ○ 装飾物……植物・置物などはありますか？

- ○ 非常口も確認しましょう。

3．図書館の外──校舎内を確認しよう

　毎日チェックしなければならない掲示板や、郵便物が届けられる棚など、図書館の外にも重要な場所がたくさんあります。校舎内の配置図があればそれを見ながら、学校の中を歩いてみましょう。

- ○ 図書館の入り口……入り口のサインや掲示物を確認しましょう。展示用の棚などがあればそれも確認しましょう。

- ○ 図書館の掲示板……どんな掲示がしてありますか？　古いものはありませんか？　図書館の近く以外にも掲示板があるかもしれません。場所を確認しましょう。

- ○ 返却箱……児童生徒の昇降口や、図書館のある棟の入り口など、離れた場所に置いてあることがあります。

- ○ 掃除用具入れ　ゴミ捨て場……清掃が始まる前に、確認しておきましょう。

- ○ 職員室　事務室・印刷室……自分の机があったり、毎朝行く場所だったりします。また、今日の予定がわかる動静表、黒板などがあります。

- ○ トイレ・保健室　職員休養室……どこにあるのか、確かめましょう。

- ○ クラスの棚　図書館の棚　自分の棚……校内での文書のやりとりの方法を確認しましょう。職員室や教務連絡室などに、郵便物や印刷物を入れる棚などがあります。図書館宛の郵便物や文書が入っていないかどうか確認しましょう。広報紙や図書委員の呼び出しなどを入れる、クラスの棚も確認しておきましょう。

- ○ 用務員室……修繕などで困ったら、まずここに相談に行きましょう。

4．職員など──人を知ろう

　学校はチームで動いています。仕事をしていくうえで、協力し合う人たちを確認しましょう。名簿があれば、見ながら確認をしましょう。

- ○ 職員……図書館係や視聴覚係といった自分と同じ係に属している職員だけでなく、事務処理でお世話になる事務職員や、修繕や作業に協力してくれる用務員には、早めに顔を覚えてもらいましょう。

- ○ 外部の人……出入りの書店や読み聞かせボランティアの人がいつ来るのか、確認をしておきましょう。

- ○ 児童生徒……図書委員の名前を確認しておきましょう。

貸出を始める前に確認しよう

　貸出方法は学校によって違います。自分の図書館はどんな貸出方法を採用していますか？　勤務初日に利用者が来館して本を借りていくこともあります。あわてないように、やり方を確認しておきましょう。

- ○ 貸出方法……コンピュータ・ブラウン式貸出カード・貸出簿など。
　　　　　　　また、それぞれに必要な道具は何か。貸出統計を取る頻度や方法など。
- ○ 貸出規則……通常貸出・特別貸出・職員貸出、貸出対象者、延長は可能か、など。
- ○ 予約・リクエスト……手順、道具、通知の出し方など。
　　への応え方
　　督促状の出し方
- ○ 相互貸借……相手先となる学校や公共図書館の貸出カード、運搬方法や協力者など。
　　　　　　　また、現在貸出中、借受中の本。

オリエンテーションの準備をしよう →「働きかける」Ⅲ－4、Ⅲ－5参照

　年度初めに赴任した場合、図書館の使い方を児童生徒や職員に説明する「図書館オリエンテーション」「図書館ガイダンス」という仕事があります。いつ、どんなことをすればよいのか、前年度も参考に確認しておきましょう。

- ○ い　　つ……4月中か5月中か。実施まであと何日ありますか？
- ○ ど　こ　で……図書館ですか？　図書館以外（教室や講堂など）ですか？
- ○ 誰　　が……図書館職員がやりますか？　先生ですか？　図書委員ですか？
- ○ 誰　　に……新入生だけですか？　上級生や職員にも実施していますか？
- ○ どの時間……授業時間中（図書の時間や国語の時間など）ですか？　放課後ですか？
　　を使って
- ○ 準　　備……前任者が準備していることもあります。
　　　　　　　・前年度使った資料、説明用プレゼンテーションソフトなど。資料を印刷する紙は用意してありますか？
　　　　　　　・プレゼンテーションソフトを使う場合、スクリーンやプロジェクターは職員室や視聴覚係で管理をしていることが多いです。機器管理者に聞いてみましょう。
　　　　　　　・担任や授業担当者に連絡してありますか？
- ○ 協力をお願い……図書館係や学年の職員、図書委員など。
　　できる人

α 知る

> より良い図書館運営のためには、自校の図書館のことはもちろん、学校の組織や教育目標など、学校全体の教育活動について確認することが必要になってきます。「知る」ことによって、図書館にできることと、それを実現するために具体的に何をすればいいのかが見えてきます。
> 「学校内のことで図書館に関係ないことなどない！」のです。

1．図書館の基本的な情報・利用状況を知る

使ってもらえる図書館づくりのスタートは、まずは現状把握から。人がいなかった図書館では、これらの基本的な情報を把握したり整えたりすること自体が大変かもしれません。まずは以下の情報を集め、知ることで、今の図書館に足りないものや、優先して取り組むべき課題が見えてきます。

1.1　運営方針・選書方針・蔵書整理基準・除籍基準はありますか

　　これらは図書館の基本となるルールです。基準に沿って整理をしましょう。ない場合は他館の例を参考にし、急がなくてもよいので、明文化した基準を整備していきましょう。

1.2　蔵書数や蔵書構成はわかりますか（台帳・カードの状況）

　　コンピュータ化されていれば、統計がわかります。コンピュータ化されていない場合は、図書原簿・除籍簿などから状況を把握しましょう。それもないときは台帳を作成するところから始めなければなりません。すぐに図書館管理ソフトを導入できない場合でも、表計算ソフトなどでデータを入力しておけば、検索や台帳作成、支払いなどに使うことができます。

1.3　貸出方法・予約方法・督促方法はわかりますか

　　日常の基本的な業務です。まず、確認しておきましょう。

1.4　備品リストはありますか

　　図書館にリストがない場合でも、事務にリストがあることもあります。どんなものが備品になるかも確認しましょう。

1.5　年間購入予算・決算・購入内訳がわかりますか
　　　今年度の購入の参考にします。

1.6　過去の年間利用統計はありますか
　　　児童生徒貸出数・職員貸出数・相互貸借実績・授業利用時間数など、利用の状況を把握しましょう。

1.7　過去に図書館を利用した授業・行事の確認と、今年の動向
　　　図書館が利用された授業は、今年も使ってもらえる可能性があります。今年も使ってもらえるか、シラバス（年間指導計画）などを見て、担当の職員に確認しましょう。使ってもらえそうなら、早めに準備しましょう。

1.8　図書館で不足している教科・科目の資料の確認（前年度の利用実績などを参照）

1.9　事務処理（文書や発注・支払いなど）
　　　たとえ同じ自治体の同じ校種であっても、担当者によってやり方が異なる場合があります。基本的にはその業務の担当者の指示に従いましょう。不便や課題が生じたときは、他校の様子を聞いて、そのやり方を参考に担当者と相談をしましょう。

1.10　図書館管理ソフトが導入されている場合
　　　機器やソフトのマニュアルと担当業者の連絡先を把握します。また、校内で情報係などのIT機器に詳しい人を知り、トラブルが起きたときには助言を仰ぐのも、解決のために重要です。

２．学校を「知る」ための手段

2.1　職員会議に出席し、学校・職員・児童生徒の動向に目を配りましょう
　　　学校では係や学年会などから出された原案が職員会議で検討され、実施されます。年度初めの職員会議では、その年度の方針や計画などが各校務分掌から提案されます。また、配慮の必要な児童生徒の情報が話されることもあります。
　　　勤務形態などで出られない場合は、資料の入手方法や入手先を確認しましょう。

2.2 学年会、教科会、係会等の諸会議の開催日時と参加メンバーを知りましょう

可能であるなら、図書館係の誰かが必要に応じて学年会議・教科会議等の会議に出席するのもよいでしょう。

2.3 必要な資料の入手方法や入手先を確認しておきましょう

3．学校運営の概要を知る（資料の呼称は地域によって異なる場合もあります）

利用者である児童生徒や職員、学校の特色や今の課題などがわかれば、それに対応する図書館の資料や活動が見えてきます。以下のような資料から、学校の概要を知りましょう。また、これらは貴重な校内資料ですので、図書館として収集保存することも検討しましょう。

・学校案内（高校の場合、中学生向けの入学案内）
・学校要覧（対外向けに学校の概要をまとめたもの）
・学校目標・教育目標・グランドデザイン（長・短期にわたる学校の運営方針）
・運営計画・経営計画（学校・学年・係・委員会など）
・内規（学校外には出さないさまざまな決まり事）
・学校公式ホームページ
・学校史・学校新聞・児童生徒会誌などの学校発行資料
・学校だより・学年だよりなどの発行資料

4．学校運営の流れを知る

学校の1年の流れを概観できるのは、年間行事予定表です。そのときそのとき、児童生徒や職員が何を念頭に過ごしているかをつかめば、時機を逃さないサービス提供が可能です。週暦、日暦を出している学校はあわせて確認しましょう。

4.1 貸出数アップのために

大きな行事・定期考査の位置、長期休みなど、児童生徒の心に余裕があるときはいつなのかを考えます。

図書だよりの発行・新着本投入の好機は校種により異なりますが、年間の貸出動向を把握してタイミングを考えます。

4.2　学校内の行事（音楽会・運動会・生活発表会・文化祭・校長講話など）

行事に必要な資料を求められることもあります。図書館側から行事に合わせてコーナーを作れば、児童生徒にとって関心のあることですから、目を留めてもらえることも多くなります。校長講話などの話の中で本が取り上げられることがあれば、その本を展示しましょう。

資料の発注は余裕を持って行いましょう。

例：社会見学・修学旅行…年度当初いつ・どこへ行くかをチェックする→学年に事前学習について聞きとり→関連資料の所蔵状況を確認→足りない資料・最近出た資料を検討・購入→学年の要望を聞きながら、コーナー作り・ブックリスト・パスファインダー・ブックトークなどを準備

4.3　四季の行事（節分・桃の節句・端午の節句・七夕など）

季節に合わせた展示などを考えましょう。日食などの天文現象などもコーナー作りのヒントになります。

コラム

誰に相談するか、どこに相談するか

上司にあたる人は、教頭や事務長などですが、図書館で困ったことや相談したいことができたときは、まず、図書館係で話し合いましょう。

係教諭・学校司書・司書教諭など、図書館に複数の立場の職員がいる場合の仕事分担は、学校によって状況は異なりますが、学校内のことを把握するために、前任者のスタンスを知ることから始めて、職員間でよく話し合いましょう。事務的なことは司書、児童生徒や授業に関わることは係・司書教諭が担当していることが多いですが、図書館の本来の役割を果たすためには、あまりきちんと分担するより、相談して取り組むほうがうまくいきます。

また、校内行事や会議への参加も学校によってさまざまです。学校内のことを把握するために、前任者のスタンスを知ることから始めて、可能な範囲で参加しましょう。

N中学校　年間行事予定表
（9月・10月）

行事予定表を見て、どんなことができるか、考えてみよう。

	9月			10月	
1	月	防災訓練	1	水	
2	火	図書委員会	2	木	
3	水		3	金	
4	木		4	土	
5	金		5	日	
6	土		6	月	歯科検診
7	日		7	火	図書委員会
8	月		8	水	
9	火	↑定期テスト	9	木	
10	水	↓	10	金	農業体験実習
11	木		11	土	
12	金		12	日	
13	土		13	月	
14	日		14	火	
15	月	敬老の日	15	水	
16	火	図書委員会	16	木	
17	水		17	金	
18	木	理科見学	18	土	授業公開　PTA講演会
19	金		19	日	
20	土		20	月	振替休日
21	日		21	火	図書委員会
22	月		22	水	
23	火	地区陸上大会	23	木	マラソン大会
24	水		24	金	
25	木		25	土	
26	金	↑文化祭	26	日	
27	土	↓	27	月	↑読書週間
28	日		28	火	
29	月	振替休日	29	水	
30	火		30	木	
			31	金	↓

- 防災の本を展示
- 文化祭準備
- テストが終わったので、図書館だより発行
- 文化祭準備
- 関連する資料の展示　行き先、見学内容を事前にチェック
- 生徒会で分担になった装飾係の仕事がんばれ
- 歯に関連する資料の展示
- 読書週間準備
- 皆既月食、スーパームーンなので、関連する資料の展示
- 関連する資料の展示　行き先、実習の内容をチェック
- 講演会に関連する資料の展示　講師、講演内容をチェック　PTA向けの展示も
- 読書週間に向けて図書館だよりの発行
- 図書館主催の最大イベント！がんばる!!

24

5．1日の流れを知る

　忙しい学校の1日は分刻み。児童生徒も職員も決まった時間に決まったことをしているので、注意を引いたり、打ち合わせをするチャンスは限られています。いいタイミングで図書館に目を向けてもらうために、日程の把握は欠かせません。日課表を確認しましょう。

- 朝会・学年会・係会・職員会議などの時間・頻度・参加者（可能ならできるだけ参加する）
- 朝読書・全校読書・図書の時間（頻度・実施状況）
- 学級活動・SHR・LHRの時間
- 休み時間・昼休み
- 校内放送の時間（申し込み方法・申し込み先は誰か？）
- 掲示物の貼り替え（頻度・いつ？）
- 新刊を出す時間（昼休み前・放課後・開館前など）
- 図書館の担当者どうしがゆっくり話せるのはいつか（空き時間をチェック）
- 図書館だよりを配るタイミング（朝or放課後など・配り方を確認）

コラム

兼務の職員の工夫

　複数校の兼務や同じ学校でも他職種（専科・事務補助・支援員など）を兼務している場合があります。このようなときは工夫が必要になります。書店などの業者の訪問時間や、相互貸借便の曜日や時間を確認して、調整しておきましょう。

　複数校兼務の場合は、曜日を確認しながら、早めの準備が必要です。勤務日でない日に授業で使われるということがあれば、担当する職員との打ち合わせを綿密に行い、準備できるものがあればしておきましょう。

　他職種兼務の場合は、児童生徒が図書館に来る時間（始業前・お昼休み・放課後など）や、授業利用で使われるときは、図書館の業務にあたれるように仕事の割り振りを考えます。

S小学校（学校司書・7時間45分勤務）〇月□日（木）1日の流れ

	日 課	仕 事
始業前		開館準備 鍵を開ける ＰＣ立ち上げ・カーテン・ストーブ（灯油を入れる）・図書委員と共に、新聞貼り替え、書架整理と「おすすめ本」の面展示などをする（木曜日当番は4類の棚）
8：00		開館 貸出・返却
8：25	朝の会	読書ボランティアさんが読み聞かせのため来館
8：35	学級活動	読み聞かせ終了後、図書館にて反省と打ち合わせ会
8：50	1時間目	図書の時間　2年2組　紙芝居・関連本の紹介・貸出返却・読書指導
9：40	2時間目	「としょかんだより」作成 　　→月初めの月曜に構想を練り、木曜完成・印刷・発行
10：25	休み時間	貸出・返却 正副委員長と児童会（図書委員会）の打ち合わせ・準備
10：50	3時間目	図書の時間　4年2組　読み聞かせ・本の紹介・貸出返却・読書指導
11：40	4時間目	総合的学習の時間　5年1組　調べ学習　「ブドウ栽培」
12：25	給食	（職員室で）（書店来館　週1回）
13：00	昼休み	貸出・返却 読書週間に向けて、図書委員の読み聞かせ練習
13：25	そうじ	3年1組と一緒に
14：00	5時間目	図書の時間　4年1組　読み聞かせ・本の紹介・貸出返却・読書指導
14：50	6時間目	図書の時間　3年2組　課題図書の紹介・貸出返却・読書指導
15：35	放課後	図書の時間のまとめ・次回の準備 担任との打ち合わせ 図書館係教員との打ち合わせ 新着本の受け入れ（年間約500冊・週20冊程度） 選書・発注・支払い・除籍 館内装飾・モップ掛け・書架整理などを臨機応変に！ （火曜日（月1回）児童会　水曜日（月1回）職員会）
16：50	閉館	統計・片づけ

6．授業を知る

　学校生活の柱はやはり授業です。日々の授業で何が行われているか、どんな授業に図書館を活用してもらえそうなのか、必要な資料はどんなものなのかを想像しながら情報を集めましょう。

- ・教育課程表（どんな科目があるのか）
- ・時間割表・各教職員の担当授業表
- ・各教科のシラバス（いつ、どんなことをするのか）
- ・使用する教科書
- ・どんな教材を使うのか？（国語の教科書に出てくる作家など）
  教科書に「図書館を使おう」という部分があれば、使ってもらえるチャンス

7．職員体制を知る

　図書館の活動計画を立てるうえで、会議資料には書かれていないことを聞きに行く相手を知っておく必要があります。学校内で誰が何を担当しているのか、今忙しいのは誰なのか、逆に余裕があって、話を聞いてくれそうなのは誰なのか、部活やクラス経営、テストなどで生じる繁閑の波を意識しながら働きかけることができます。そのために以下のものを確認しましょう。

- ・職員名簿　・職員別時間割表　・部屋割りと座席配置図　・校内電話番号表
- ・校務分掌表(校務分掌表を見て担当者がわかれば、職員会議に議題として出てくる前に相談できる)
- ・職員の得意分野や趣味

8．学校の機器類を知る

　授業支援をするうえで、学校にあるもの、機器類に詳しい人を知っておくことで、相談に来た職員や児童生徒に速やかに対応することができます。
　図書館での日常業務にも役立つものがたくさんありますので、上手に活用しましょう。

8.1 授業で利用できる学校内の機器について、所有場所・所有責任・利用方法を確認する

ホワイトボード	パソコン	スクリーン	プロジェクター
マイク	スピーカー	プリンター(白黒・カラー・サイズ)	
コピー機(白黒・カラー)	OHC(書画カメラ)	CDデッキ	DVDデッキ
ビデオデッキ	テレビ	ビデオカメラ	ICレコーダー
デジタルカメラ	電子黒板	タブレットPC	

8.2 機器の利用可能な部屋と、管理責任者・利用方法を確認する

視聴覚教室	パソコン教室	多目的教室	会議室
その他			

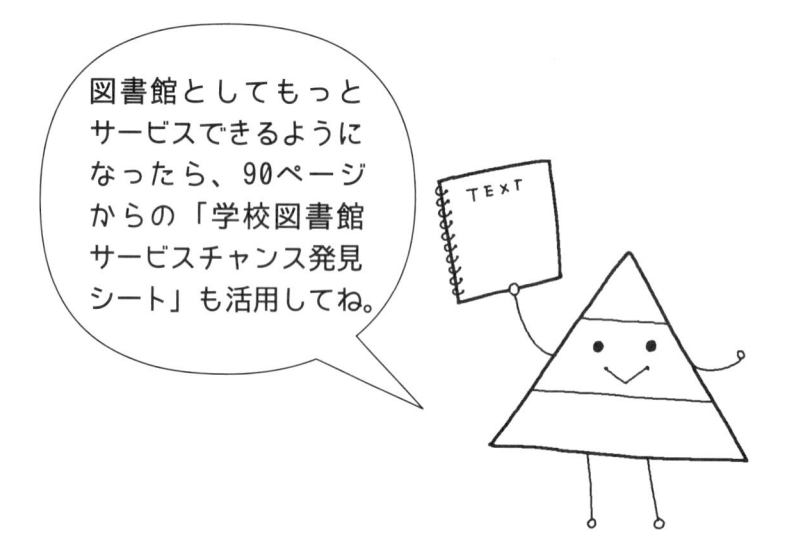

> 図書館としてもっとサービスできるようになったら、90ページからの「学校図書館サービスチャンス発見シート」も活用してね。

次のページからの表の見方

30〜77ページの表は、学校図書館の仕事を始めたばかりの人が直面する問題を、業務モデルの「整える」「応える」「働きかける」のいずれかに分類して、表にしたものです。ここに記載した解決方法は、今までの研究成果や、ベテランが積み重ねてきた仕事の工夫の中から導き出しました。

○ 基本の考え
定義、活動の意義、活動内容について書いてあります。行動の柱になる考え方です。

○ サンカクくん
ここが業務モデルのどこにあたるかサンカクくんに示してもらっています。

○ 働きかけのためのコミュニケーション事例集
問題解決のためには、ほかの人とのコミュニケーションが必要となります。誰にどの場面で、どのように声をかければいいのかを経験談から拾い出しました。

○ 悩み別表
悩みの原因別に解決策と具体的な方法を提示しました。「解決する…」の文中に「 」付きで「知る」等表記があるのは、業務モデルのαβⅠⅡⅢに該当しますのでそちらも参考にしてください。

○ おすすめ本＆WEB
より詳しく知りたいときに使える、おすすめの本やホームページを載せました。新しいものが中心ですが、基本的な資料は古くても載せてあります。

〈アイコン〉
　☞　…職員への発言
　☞　…児童生徒への発言

Ⅰ 整える—1 選書

> **基本の考え**
>
> 選書は、図書館の業務の中で最も大切で、最も悩む業務です。
> 理想的な蔵書を構築したものの、誰も使ってくれない図書館を作ることより、頼めばなんとかしてくれる・期待に応えてくれるという信頼感を利用者に持ってもらうことが一番大切です。

悩み① 何を買っていいのかわからない・何から買うべきか判断できない

原因	解決するためには	具体的な活動
利用者の需要（児童生徒・職員の読みたい本、授業で使われる本）がわからないから	利用者の状況を「知る」	以下のような資料を見る。今までの利用状況（貸出・リクエスト・授業利用の統計）。教育課程、教育目標、昨年までの購入リスト。
	一般的な傾向を知る	『学校図書館基本図書目録』（全国SLA）や出版社の出す図書館用選書カタログを見る。書評誌を見る。ベストセラーの情報を得る。
	利用者に働きかける「応える」	児童生徒・職員に話しかけて要望を聞く。
		リクエスト制度を作る。
		入れてほしい資料のアンケートを行う。
	他館を知る	同じ地域・校種の購入状況を聞く。
この図書館のコンセプトがわからないから	「知る」	運営方針・収集方針・選書基準・蔵書構成・予算・決算報告などを見る。収集方針などがなければ、いずれ作る方向で考える。
関係者からのクレームをおそれるから	説明する	事前にリストを提示し、意図を説明する。購入意図を明らかにしておく。
蔵書の配分比率（学校図書館メディア基準※）などが気になるから	「知る」	予算規模や学校の特色をふまえ、優先するものを決める。利用者の興味・関心に応えるのが最優先であることを関係者と確認する。

※全国SLA

予算が少なすぎるから	予算増を働きかける	具体的な購入希望リストを作成し、学校図書館図書標準※、学校図書館メディア基準などを根拠に事務・管理職などに予算増を求める。
特別な支援を必要とする児童生徒がいる	利用者を「知る」「連携する」	利用者の中には、さまざまな理由で読書や図書館の利用が困難な児童生徒がいることを考え、担当の教職員と情報を共有し、利用者に必要な環境や資料を整える。必要に応じて相互貸借を活用する。 例：大活字本　デイジー図書　外国語資料　対面朗読
	資料を「整える」	

※文部科学省

悩み② 選書に関われない

原因	解決するためには	具体的な活動
周囲が関わる必要を感じていないから	選書担当部署へ働きかける	利用者の様子を伝え、具体的な購入希望リストを用意して、購入を依頼する。その後も日常的に関わらせてもらう。
自分が関わる必要を感じていないから	図書館の役割を「知る」	利用者に最も近い立場であることをいかし、利用者の要望が反映された選書になるように関わりを持っていく。

働きかけのためのコミュニケーション事例集

選書へのクレーム対応

☞ 「こういう手に取りやすい本を置くことで、親しみやすい図書館にしたいんです」

☞ 「本を読むことに抵抗感をなくせるなら、このような本も図書館におく意味があると思います」

☞ 「生徒が、読みたいと意思表示した本を入れることで、図書館が自分たちのほうを向いている、自分たちのものである、という実感を持ってほしいんです」

蔵書構成のバランスが悪いのではないかと言われたら

☞ 「予算には限りがありますし、どんなにいい本を入れても使ってもらえないともったいないので、まず利用が見込める本から、積極的に購入したいと思います」

☞ 「今回見送った分野の資料が必要な場面が出てきたら、そのとき新たに購入したり、他校や公共図書館（具体的に名前を出す）から借りてきます」

☞ 👨 利用統計を示す。「文学が、貸出の7割を占めているんですよ」「去年は家庭科の食文化調べや読み聞かせの授業で30時間も使っていただいたので、今年も資料を充実させたいんです」

予算増を働きかける

☞ 👨 蔵書構成と、書名のリストと金額を書面にしていく。「蔵書構成を見ると、工業分野が1％しかありません。工業科がある学校なので、せめて「図解雑学」の工業分野の本○冊は全てそろえたいです」

☞ 👩 具体的な書籍のチラシや、コピーを持参する。「今ある百科事典は○年前の古いもので、○○も○○も載っていません。しかも文章が難しく、振り仮名もないので、中学生には難しすぎて、調べ物の授業ができません。今はそのときだけ公共図書館から借りています。今度○○の新版が出るので、ぜひ購入したいです」

選書への関与を求める

☞ 👨 「子どもたちは、○○や○○を読んであげるととっても喜ぶので、このリストの本の購入を検討していただけないでしょうか？」

☞ 👩 「よく生徒に、この図書館には○○や○○はないの？って聞かれます。希望があった本の購入について、私から要望を出してもいいですか」

☞ 👨 「1年に一度の選書だと、途中で出た人気のある本が入れられないので、せめて学期に一度は本の発注をできるように予算を割り振りしていただけませんか？」

選書の参考に

制度・予算について
「図書館に役立つ資料」 全国学校図書館協議会（全国SLA）　http://www.j-sla.or.jp/material/

● 【書籍】
『読書力アップ！学校図書館の本のえらび方』赤木かん子 著　光村図書出版　2013
『「なんでも学べる学校図書館」をつくる ブックカタログ＆データ集』片岡則夫 編著
　　　　　　　　　　　　　　　　　　　　　　　　　　　　　　　少年写真新聞社　2013
『先生と司書が選んだ調べるための本 小学校社会科で活用できる学校図書館コレクション』
　　　　　　　　　　　　　　　鎌田和宏・中山美由紀 編・著　少年写真新聞社　2008
『小学生・中学生のための読書ブックガイド』　日本児童図書出版協会（年刊）
『乳幼児・小学生のための絵本ガイド』　日本児童図書出版協会（年刊）
『××××年に出た子どもの本』教文館子どもの本のみせナルニア国 編　教文館
『このライトノベルがすごい！』／『このマンガがすごい！』／『このミステリーがすごい！』
（年刊）　宝島社

●【雑誌】
『こどもの本』（月刊）　日本児童図書出版協会
『MOE』白泉社／『ダ・ヴィンチ』　KADOKAWA／『本の雑誌』本の雑誌社（月刊）
『かつくら（Katsukura）』新紀元社　（季刊）　※書店では書籍扱い
『新刊全点案内』　図書館流通センター（週刊）　※買うと高いので公共図書館に閲覧をお願いすることも可
各出版社の月刊情報誌とWEBサイト

●【目録】※カタログは学校に届く、あるいは書店からもらう。WEBでの検索もできる
クリーンブックス（出版社11社）　http://www.cleanb.jp/
児童図書十社の会（出版社10社）　http://www.hon10.com/
CBL（出版社15社）　http://www.cblnokai.com/index.html
NCL（出版社33社）　http://www.ruralnet.or.jp/~NCL/
『ヤングアダルト図書総目録』　ヤングアダルト図書総目録刊行会
SLBA選定図書案内（年3回）　学校図書館図書整備協会

●【流通系の速報】※取引をしている書店から寄贈してもらえることもある
トーハン　『トーハン週報』／『新刊ニュース』（月刊）／文庫・コミック新刊案内
日販　『日販速報』（週刊）／『新刊展望』（月刊）
日本書籍出版協会　「これから出る本」（隔週）
出版ニュース社　『出版ニュース』（旬刊）

●【新聞系】
朝日中高生新聞の読書欄／各新聞の書評欄
図書館教育ニュースの解説付録　新刊案内　少年写真新聞社
他校の図書館だより

◇【書店・流通サイト】
※ホームページのチェックだけでなく、メールマガジンに登録して、情報を集めることもできる
※新刊のチェックや流通確認に。紀伊国屋ではNDCを使って検索もできる

紀伊国屋ウェブストア　http://www.kinokuniya.co.jp/
Amazon　http://www.amazon.co.jp/
Books.or.jp（日本書籍出版協会）　http://www.books.or.jp
e-hon（トーハン）　http://www.e-hon.ne.jp/
honto　http://honto.jp/
Honya Club（日販）　http://www.honyaclub.com/

◇【出版社系サイト・メルマガ】
「教文館ナルニア国」教文館書店　http://www.kyobunkwan.co.jp/narnia/
「児童文学書評」http://www.hico.jp/
「絵本ナビ」http://www.ehonnavi.net/

コラム

図書費をどう使う？

　図書館の資料を購入するためのお金は、自治体や学校ごとに決められたいわゆる「図書費」を使います。支払い方法や書類の書き方、また予算の締めを、事務の担当者と確認しておきましょう。図書費の全国的な平均は、小学校で52.7万円、中学校で73.8万円、高校で82万円※です。図書費には学校・自治体によって大きな違いがあるのが現状ですが、常に利用者の要望に応えられる図書館であるための考え方・お金の使い方は、どんな学校図書館もそれほど変わりません。

　大切なことは、①1年間の学校の計画や、授業計画などを参考にある程度の購入計画を立てておくこと、②年度当初など特定の時期に集中して購入せず、年間を通じて新鮮な本を購入すること、です。

　ただしこの平均より下回る場合は、より一層利用状況を反映した丁寧な選書や相互貸借が必要です。また補助金や交付金などの情報を得て、予算確保のための働きかけをしていくことも重要です。

　使える図書館としてぜひ持っていたい資料をそろえつつ、「今週は何か新しい本は入っていないかな？」と期待を持ってもらえるようバランスよく使っていきましょう。

◇**中学校　予算額　70万円程度（雑誌等を除く）の場合**
　まずその年の授業計画を見ながら、1教科3〜5万円を目安に36万円ほどを授業用の資料のために確保し、必要に応じて購入します。前年度に足りない資料があったり、新しい取り組みがある教科には大目に確保します。残りを1か月2.5万円×12か月＝30万円とし、読み物を中心とした新刊購入に使います。残りは予備費として年度後半に辞典類が発売されても対応できるようにします。

※「2014年度学校図書館調査」の結果（全国ＳＬＡ）
　　http://www.j-sla.or.jp/material/research/2008-2.html

参考
平成26年度「学校図書館整備施策の実施状況」（全国ＳＬＡ）
　　http://www.j-sla.or.jp/material/research/post-45.html
平成24年度「学校図書館の現状に関する調査」（文部科学省）
　　http://www.mext.go.jp/a_menu/shotou/dokusho/link/1330588.htm

I 整える－2 受入

基本の考え

資料についての情報を台帳やカード、コンピュータに記録し、どこに並べるかを決め、ブックコーティングをし、ラベルを貼って整えるのが、受入です。

どんな資料がどこにあるかわかる、使いやすい図書館作りのために欠かせない業務です。学校図書館においては、公共図書館とは違ったやり方をとる方が合理的なこともあります。その本を自校の利用者が手に取り、利用する様子を思い浮かべながら、受入を進めましょう。

*資料の内容を一定のルールに基づいて分類する方法にはさまざまなものがあります。学校図書館で多く使われるのは日本十進分類法（NDC）です。

悩み① 分類が決められない

原因	解決するためには	具体的な活動
現在の整理基準がわからないから	資料の整理基準を「知る」	自館の整理基準を探し参考にする。あわせて館内の書架を見て回って、どこにおけば最も使われるかを考える。自館に明文化された整理基準がなければ、他館の例を参考にし、いずれ作ることを考える。一覧を作るなど、実際にどこに分類をしたのかを記録し、引き継げるようにしておく。
図書館の蔵書規模にふさわしい分類方法をとっていないから	自館の蔵書を「知る」	館種・校種によって、NDCの桁数は変わることもある。他校も参考にする。例：通常3桁でも、その分野の本が特に多い場合は、4桁目まで分類したりする。
資料の使われ方がわからないから	自館の利用状況を「知る」	利用者の目に付きやすく、探しやすい分類に関連の本をまとめる、という方法もある。例：小学校では、ペットの本は6類の家畜ではなく、4類の動物へ入れる。
前任者の整理基準と自分の考え方が違うから	資料の整理基準を「知る」	現在の整理基準が作られた理由を考え、現状に合わなければ、部分的に変更を加える。

悩み② 台帳がない

原因	解決するためには	具体的な活動
台帳やカードなどが作成されていないから	蔵書を「整える」（組織化する）	台帳やカードは、大部分がない場合は電子データでの管理に移行したほうが合理的。過去の蔵書のデータを遡及入力するのは人手があるときに行う。日常業務と平行して行う場合は、その年に受け入れた本と、よく使われる分類を優先する。

悩み③ ブックコーティングをするかどうか

原因	解決するためには	具体的な活動
利用頻度がわからないから	現状を「知る」	予算が限られる場合は、現在の蔵書のうちで、よく使われる分野の本を優先してかける。壊れやすい部分を考え、たとえば背だけをコーティングする。

悩み④ 帯の処理に悩む

原因	解決するためには	具体的な活動
本を手に取る利用者が想像できないから	利用者の気持ちを「知る」	長期的に見て、利用者がその本の内容を知るための情報が載った帯はつけたままブックコーティングをしたり、見返しに貼ったりする。

悩み⑤ ラベル・バーコードの位置が決められない

原因	解決するためには	具体的な活動
記述が隠れてしまうときどうしたらよいかわからないから	利用者の気持ちを「知る」 書架整理や蔵書点検の方法を「知る」	記述はなるべく隠さないのが望ましいが、巻数などラベルが代わりになる場合はその上に貼ることも考えられる。利用者が本を探すときに手がかりになるタイトルなどは残したい。
ラベルの役割がわからないから		背ラベルは本を探すとき、本を返すときに利用するので、そのときに見えるようにする。バーコードシールは蔵書点検時に使用するので、できれば貼る位置を統一する。

おすすめ本

- 『赤木かん子の図書館員ハンドブック分類のはなし　学校図書館で働く人のために』赤木かん子 著　埼玉福祉会　2012
- 『学校図書館をデザインする　メディアの分類と配置』大平睦美 著　全国学校図書館協議会　2012
- 『学校図書館のための図書の分類法』芦谷清 著　全国学校図書館協議会　2008

コラム

装備は資料を知る機会

　本にバーコードやラベルなどを貼ったり、ブックコーティングをしたりして、利用者に提供できる状態に整えることを装備といいます。学校図書館に書籍を納入する業者の中には、この装備をすませて納品してくれるところもあります。

　しかしどんなに忙しくても、「自分で図書の装備をする」ということには、「資料を知る」という面で、大きなメリットがあります。本を見て、付録や帯の処理をすること、利用のされ方を想定して補強すること、目次や内容を確認して分類を決め、背ラベルを貼ること、本の作りに合わせてブックコーティングすること、これらの作業を通じて、自然に資料の内容や装丁を把握できるようになるので、資料提供の際に役立ちます。

　コンピュータで資料の管理をする場合には、自分で書誌データを入力せずMARCを購入することが一般的です。MARCを使用すると登録作業が軽減されますが、反面、あらかじめ与えられた請求記号や件名を検討することなくそのまま使ってしまうなど、流れ作業になりがちです。その結果、タイトルや著者名を覚えられず、資料を把握しにくくなります。

　今、装備付きで納入を受けている方、MARCをそのまま使っているという方は、まず請求記号だけでも自分で考えてみることをお勧めしたいと思います。請求記号は本の内容だけでなく、配架やその学校なりの利用のされ方によっても変わります。せっかく購入した図書ですから、どうすれば自校の利用者が使いやすくなるか、1冊1冊考えながら装備をしてみましょう。

I 整える－3 配架

基本の考え

図書館の本は分類ごとに並べます。

日本十進分類法（NDC）を基準にしましょう。そして、自分の学校の特徴や棚の使い方、各分類の本の量、利用者の様子で、コーナーを作ったり、並べ直したりしてみましょう。

職員が管理しやすい配架ではなく、利用者が資料を探しやすい配架を心がけます。

地震対策など、安全性にも注意を払います。

書架の使い方

本は左から右へ1列ずつ並べるよ。1段終わったら次の列じゃなく、下の段へ下がるんだ。

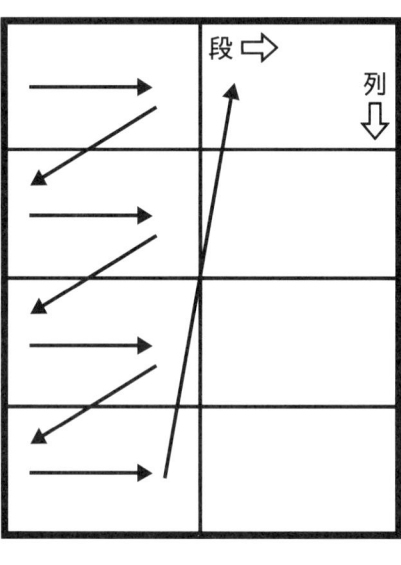

段 ⇨
列 ⇩

面展示

本棚に余裕があるときは表紙を見せたりして、アピールしよう。

悩み① どこの棚に何があるのかわからない

原因	解決するためには	具体的な活動
分類ができていないから	分類を「整える」	本に分類記号をつける。 間違いを直す。 本を分類ごとに分ける。
本が分類順に並んでいないから	配架を「整える」	人手があるときは一斉に、ないときは最も使われる部分から順番に、ラベルの順に並べ直す。
棚案内がないから	表示を「整える」	案内板、見出しを作る。 利用者にわかりやすい言葉を選ぶ。

悩み② 本棚がギュウギュウで入らない・配架を変えようとすると本があふれる

原因	解決するためには	具体的な活動
除籍ができていないから	資料を「整える」	除籍する。→Ⅰ整える－4除籍参照 捨てられない場合は、棚から資料を抜き出し、書庫など利用者の目に届かないところにしまう。箱詰めするときは中身がわかるようにする。

悩み③ NDC の通りに0から9まで順番に並べなければならないのか

原因	解決するためには	具体的な活動
利用者の動きがわからないから	必ずしも順序どおりでなくてもいい	基本はNDC順だが、利用者の使いやすさや利用頻度を考えて並べる。 資料の種類・大きさや冊数で、場所が決まることもある。 例：マンガ・絵本・大型の地図や美術書を別置する。

悩み④ 配架を変える時間がない

原因	解決するためには	具体的な活動
そこに割ける時間がないから	勤務時間やほかの仕事とのバランスを考える	勤務時間やほかの仕事とのバランスを考える。 利用者がよく使う本やよく読む本（新刊・文学など）のところから手を入れてみる。 使わないものや要らないものを片づける。
	できるところからやってみる	
一人でやろうとするから	職員・関係者に働きかける	ほかの職員・関係者との一斉作業。

悩み⑤ よくわからないコーナーがある

原因	解決するためには	具体的な活動
惰性でそこにある	利用者を「知る」	役目を終えたコーナーは解体する。事情がわからなければ関わりのありそうな人に聞く。 常設コーナーと期間限定コーナーを分けて考える。 →Ⅲ働きかける－3コーナー作り参照

悩み⑥ 図書館が狭い

原因	解決するためには	具体的な活動
除籍ができていないから	館内を「整える」	除籍する。 一クラスが収容できる机・椅子を確保し、余分なものは片づける。 安全性が確保されない場合は、事務などに相談する。
棚や机・椅子が多いから		

悩み⑦ 書架が少ない・書架が汚い・古い

原因	解決するためには	具体的な活動
除籍ができていないから	資料を「整える」	除籍する。
棚が買えないから	事務に働きかける	資料を収めるために必要な本棚の数を、「学校図書館図書標準」(文部科学省)などを使って算出し、事務などに働きかける。 安全性が確保されない場合は、事務などに相談する。
	リフォーム・修理する	用務員などに相談する。

おすすめ本＆WEB

● 『みんなで考える図書館の地震対策　減災へつなぐ』
　　　　　　　　　　　『みんなで考える図書館の地震対策』編集チーム 編　日本図書館協会　2012
● 『読書力アップ！　学校図書館のつくり方』赤木かん子 著　光村図書出版　2010

◇ 図書館づくりと子どもの本の研究所　http://www.hirayu.jp/index.html

コラム

棚を整える

　本は棚板の手前に合わせて背をそろえると、ピシッと整い、美しく見えます。本の乱れを放置しておくと、見栄えが悪い、本が探しにくい、本が紛失してもわからないことがあります。

　毎日すべての棚を整えるのは大変ですが、本の返却時にその前後も整頓する、1日15分時間を確保する、図書委員会の児童生徒に当番活動の一環として手伝ってもらうなど、少しずつ手を入れていく方法もあります。

　その際に、天にたまったほこりをパパッと払うと、シミ予防にもなります。

Ⅰ 整える―4 除籍

基本の考え

　除籍は、利用者にとって常に魅力的な使いやすい資料構成になるよう、資料を書架から抜き（＝除架）、登録から外すことです。

　使いやすい図書館にするために、現在の書架スペースの8割程度を上限と考え、それよりも多い場合は少しずつ減らしていきます。除籍する資料は、その資料の正確さ、発行されてからの年数、図書館の収蔵能力を考慮して選びます。ただし、自校の歴史にかかわる資料に関しては除籍しません。また貴重資料や郷土資料に関しては、ほかの機関との連携を考えます。

　目安として、年間に受け入れた分と等しい量の資料を毎年除籍することが望ましいとされています。

悩み① 何を捨てたらいいかわからない

原因	解決するためには	具体的な活動
利用者の需要がわからないから	自館を「知る」	自校の教育課程と利用状況（貸出・リクエスト・授業利用の統計）を蔵書構成に照らし合わせてみる。
除籍基準がわからないから	自館を「知る」	除籍基準を見る。なければいずれ作成する。
	一般的な傾向を「知る」	「学校図書館図書廃棄基準」（全国SLA）を参考にする。
	周辺館の蔵書を「知る」	必要が生じたときに相互貸借できる体制を確保しておく。

悩み② 除籍作業をする時間がない

原因	解決するためには	具体的な活動
一度にやろうとするから	「整える」	棚の整頓時、ブックリスト・コーナーを作る際など、日常業務時に随時除架する。すぐに除籍ができないときは、除籍候補棚に別置して、時間のあるときに作業する。

一人でやろうと するから	連携する	関係教科職員に除籍候補本の選定を依頼する（推薦図書の募集時と組み合わせる）。
		除籍作業をマニュアル化し、誰でも手伝えるようにする。
		ほかの職員・関係者による一斉作業。

悩み③ 除籍・廃棄をさせてもらえない

原因	解決するためには	具体的な活動
決裁権者や職員の、学校図書館機能への理解が不足しているから	働きかける	除籍が必要な理由を、利用者がよりよく図書館を使うため、という観点から、具体的な数字（経年・利用実績など）を使って説明する。
	「連携する」	郷土図書・寄贈図書など、利用頻度は低いが資料価値があるものについては、学校図書館よりもふさわしい機関（公共図書館・博物館など）に相談する。
蔵書数が「学校図書館図書標準」に満たない	「整える」	標準冊数に満たないために除籍が認められない場合は、除架だけでも行う。利用者の使いやすさにつながる。
廃棄の手順がわからない	「知る」	学校全体の物品の廃棄の決まりと仕組みを調べておく。
廃棄した資料の処理の仕方がわからない	事務・用務員に働きかける	燃・不燃の制約がある場合は、図書の廃棄時は別の業者に頼むなどの交渉をする。

悩み④ それでも今すぐは捨てられない

原因	解決するためには	具体的な活動
自分の判断に自信が持てないから	「連携する」	自校の職員、他校・他館の職員などに相談する。
	「整える」	収蔵場所を確保し、時間をおく。 判断できるまで、どこに何があるかをはっきりさせて段ボールに詰め、保存しておく。

働きかけのためのコミュニケーション事例集

● なぜ捨てなければならないのか聞かれたら
☞ 「この図書館に置ける本はだいたい○冊くらいなのですが、今の蔵書が○冊あって、もう入りきらないんです」
☞ 「この学校の年間の購入数が○冊なので、だいたいそれと同じくらいは毎年除籍していかないと、あふれてしまうんです」

● 蔵書数が基準に満たないので捨ててもらっては困ると言われたら
☞ 「どんなにいい本をたくさん買っても、古い本がたくさんありすぎるとその中に埋もれてしまって利用者の目に入らなくなってしまうんです。棚から抜いて、いったん置いておけるところはありますか？ リストを作ってどこに何があるかはわかるようにしておきます」

● 貴重な本なので捨てないでほしいと言われたら
☞ 「貴重な本を保存するのは規模の大きな公共図書館の役割なので、置いておける本の数が少ない学校の図書館には、今の生徒と先生が日常的に必要としているものを置いておきたいのです」
☞ 「この本とこの本は市立図書館で持っているので、必要になれば借りることができます」
☞ 「○○新聞の縮刷版はこの地域では○○学校が保存を担当することになっています」
☞ 「この資料はとても専門的で貴重なものなので、県立図書館・博物館に移管できないか聞いてみてもいいでしょうか」

おすすめWEB
◇ 「図書館に役立つ資料」全国学校図書館協議会（全国SLA）　http://www.j-sla.or.jp/material/

Ⅱ応える—1 貸出

基本の考え

貸出は、図書館の資料を利用者に貸し出して、館外に一定期間持ち出せるようにするサービスです。館内で読みきれないときや自宅などほかの場所で読んだり調べたりしたいときに、いつでも、どこでも、好きなときに図書館資料を使えるようにします。貸出は、子どもたちの読書や授業による活用など、さまざまな図書館活動の基盤となる大切な業務です。また、貸出数は学校図書館活動を評価する指標にもなります。

基本的に、貸出期間と上限冊数を設定します。返却期限を一定期間過ぎた場合は、督促状を出して返却を促します。貸出方法は、貸出中の資料が管理できること、手続きが簡便なこと、利用者のプライバシーが守られることなどに配慮して、各校の状況に合ったものを選びます。

どんな本を借りたかは利用者のプライバシーです。図書館は知りえた情報を本人の了解なく第三者にもらしてはいけません。

悩み① 図書館職員がいないときに、貸出ができない

原因	解決するためには	具体的な活動
校内の状況がわからないから	校内の状況を「知る」	児童生徒が校内にいる時間帯はなるべく貸出ができることが望ましい。 図書館職員不在のときの開館・貸出については、校内で話し合って、係職員・図書委員に協力してもらう。

悩み② 貸出方法を変えたいが、どんな貸出方法があるのかわからない

原因	解決するためには	具体的な活動
貸出方法を知らないから	方法を「知る」	勤務形態や利用者の年齢に合った、貸出方法を調べる。コンピュータの利用・ブラウン式・逆ブラウン式などがある。 ほかの学校や公共図書館に聞く。

悩み③ プライバシーを守れる貸出方法に変えられない

原因	解決するためには	具体的な活動
守る必要があることを職員が知らないから	校内の状況を「知る」 利用者を「知る」	なぜプライバシーを守ることが大事なのかを、折にふれて職員に伝えていく。 完全にプライバシーに配慮した方法にできなくても、少しでも望ましい方法を模索する(代本板はなくてもいい。もし残すなら、借りる人の名前でなく、番号や書名にする、貸出用のカードを利用者の目に触れないところに移すなど)。
読書指導に使っているから		
学校の方針で変えられないから		

悩み④ どこまでプライバシーを守るべきかわからない

原因	解決するためには	具体的な活動
プライバシーを守る意義についてよくわからないから	意義を学ぶ 利用者を「知る」	プライバシーについての本を読んだり、研修を受けたり、ほかの学校の図書館職員に聞いたりする。児童生徒に気持ちを聞いてみる。督促状や予約の通知を出すときにも、プライバシーへの配慮が必要になる。

悩み⑤ 貸出していい本と貸出できない本の区別がわからない

原因	解決するためには	具体的な活動
利用状況を知らないから	利用者を「知る」	基本的に、すべての資料は貸出の対象と考える。百科事典等の参考図書や雑誌の最新号などは、利用状況に応じて貸出制限をかける。
校内の状況がわからないから	校内の状況を「知る」	財務管理規則などで制限があるかを確認する。

悩み⑥ 本がなかなか返ってこない

原因	解決するためには	具体的な活動
利用者が返さないから	返却を促す	督促通知を定期的に発行する。
返却期限の意識が低いから	利用者に伝える	貸出のときに返却期限票を渡して、返却日を伝える。 図書館だよりや担任を通じて、返却を呼びかけたり、返却期限を守るようにお願いしたりする。

悩み⑦ 本を破損・紛失されて困っている

原因	解決するためには	具体的な活動
利用者が本を扱うときのマナーを知らないから	利用者に伝える	オリエンテーションなどで本の扱い方を説明する。雨の日には、ぬらさないようにしてね、とひと言添える。
破損・紛失時の規定がないから	「整える」	破損・紛失したときの対応を決めておく。修理できる範囲の破損は、修理して対応する。ひどい破損や紛失の場合は、現物で弁償してもらうのが原則だが、現物の入手が困難な場合は現金で弁償するなど、方法を考える。

働きかけのためのコミュニケーション事例集

カウンターで本をすすめる

☞ （返却処理をしながら）「これを書いた人の新しい本が入ったんだけど、読んでみる？」

☞ 「この前、○○のことについて話したでしょう。そうしたら、それについてのおもしろい本を見つけたんだ。見てみる？」

利用者のプライバシーを守る必要を伝える

☞ 「図書館の本の貸出履歴は、借りた人の個人情報・プライバシーです。児童生徒の人権意識を育てるためにも、できるだけ図書館は個人情報を守って、他人にもらさないようにしたいと思います」

☞ 「○○（本のタイトル）がなかなか返ってこないけど、誰が借りているの？」と聞かれたら「だれがどんな本を借りているかはプライバシーに関わるから、図書館ではほかの人に教えてないんだよ。あなたも何を読んでいるか知られたくないことがあるよね。○○の本は返すよう連絡しておくから、もう少し待ってね」

おすすめ本&WEB

- 『学校司書って、こんな仕事　学びと出会いを広げる学校図書館』　学校図書館問題研究会 編　かもがわ出版　2014
- 『読書力アップ！学校図書館のつかい方』　赤木かん子 著　光村図書出版　2012
- 『図書館の自由を考える』　渡辺重夫 著　青弓社　1996
- 学校図書館問題研究会「学校図書館の貸出をのばすために のぞましい貸出方式が備えるべき五つの条件」（貸出五条件）http://gakutoken.net/opinion/1988rental/

II 応える－2 予約・リザーブ（取り置き）

基本の考え

予約は、利用者が求めている資料が図書館にないとき、図書館がその資料を用意して、後日予約者に提供するサービスです。利用者が求めている資料を確実に提供することで、利用者の「読みたい」「知りたい」という気持ちを保障するとともに、図書館に対する信頼を高めます。

予約数は学校図書館活動を評価する指標の一つです。

貸出と同様に、予約方法や連絡方法で利用者のプライバシーが守られるように配慮することが大切です。

予約への対応のうち、求められた資料が貸出中で図書館になく、返却されたら予約者に優先的に提供する方法をリザーブと呼びます。

悩み① 貸出方法が予約に対応できていない

原因	解決するためには	具体的な活動
貸出方法に問題があるから	貸出方法を知る	予約のできる方法に変える。ブラウン式・逆ブラウン式など。 ほかの学校や公共図書館に方法を聞く。

悩み② 忙しくて予約を処理する時間がない

原因	解決するためには	具体的な活動
そこに割ける時間がないから	勤務時間やほかの仕事とのバランスを考える	貸出や受入業務などに支障をきたすようなら、余裕ができるまで導入を待つ。 校内の協力体制を作る（図書館係・図書委員会など）。

悩み③ 予約された資料がなかなか返ってこない

原因	解決するためには	具体的な活動
利用者が返さないから	返却を促す	督促通知を定期的に発行する。
	相互貸借をする	他館から借りて提供する。
返却期限の意識が低いから	利用者に伝える	貸出のときに返却期限票を渡して、返却日を伝える。 貸出のときに予約がついていることを伝えて、早めの返却をお願いする。 図書館だよりや担任を通じて、返却を呼びかけたり、返却期限を守るようにお願いしたりする。

悩み④ 予約資料の督促通知を作るのに手間がかかりすぎる

原因	解決するためには	具体的な活動
督促通知の効率のよい作り方を知らないから	パソコンを使うなど書類作成の方法を知る	予約があった時点で督促できるよう、用紙を工夫したり、簡単に督促状が印刷できるような文書を作成して省力化する。

悩み⑤ 予約が人気のある本に集中してしまう

原因	解決するためには	具体的な活動
一人ができる予約数が多すぎるから	予約方法の工夫を知る	一人ができる予約数を制限する。
本の数が足りないから	本を増やす・借りてくる	人気のある本は寄贈を募るなどして、複本を用意する。 相互貸借を利用する。

悩み⑥ 予約の希望が出てこない

原因	解決するためには	具体的な活動
利用者がその制度を知らないから	利用者に伝える	年度当初のオリエンテーション、おたよりや利用案内、フロアーワークのときなど、あらゆる機会を使って利用者に伝えていく。 予約用ポスト・予約状況掲示板などを作る。
利用者が遠慮しているから	予約しやすい状況を作る	利用者に声をかける。

予約カードの例

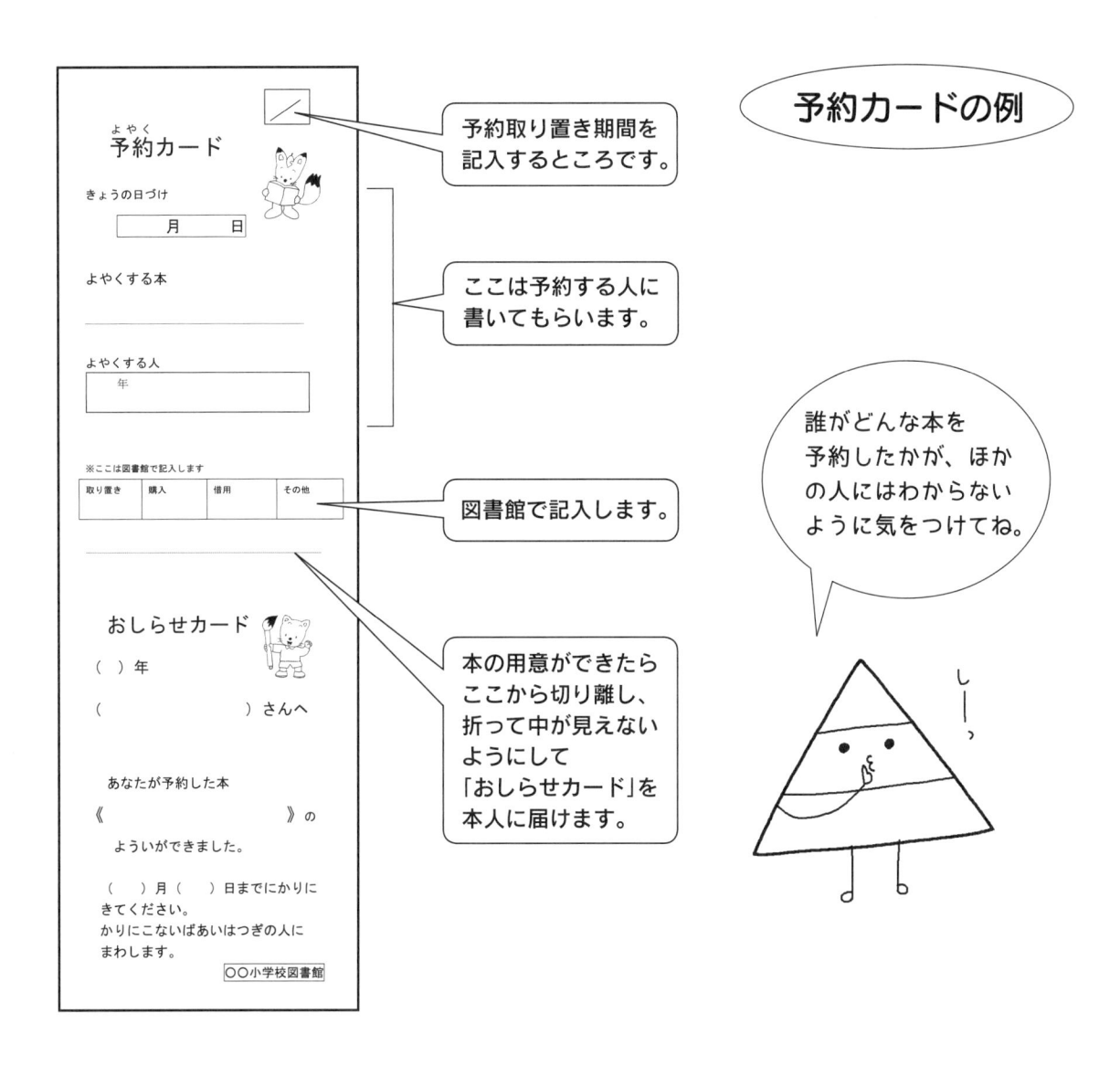

予約カード

きょうの日づけ　月　日

よやくする本

よやくする人　年

※ここは図書館で記入します
| 取り置き | 購入 | 借用 | その他 |

おしらせカード
（　）年
（　　　　　）さんへ

あなたが予約した本
《　　　　　　》の
よういができました。
（　）月（　）日までにかりに
きてください。
かりにこないばあいはつぎの人に
まわします。

〇〇小学校図書館

- 予約取り置き期間を記入するところです。
- ここは予約する人に書いてもらいます。
- 図書館で記入します。
- 本の用意ができたらここから切り離し、折って中が見えないようにして「おしらせカード」を本人に届けます。
- 誰がどんな本を予約したかが、ほかの人にはわからないように気をつけてね。

働きかけのためのコミュニケーション事例集

◀ 予約しやすいように声をかける

「予約することができるよ。予約しておけば、本が返ってきたときにカウンターに取り置いて、連絡をするよ」

◀ 予約がついた本を返却期限を過ぎて借りている人に返却を促す

「ねえ、△△君、〇〇（本のタイトル）はもう読み終わった？　予約して待っている人がいるから、早めに返してもらってもいい？」

おすすめ本

● 『学校図書館に司書がいたら　中学生の豊かな学びを支えるために』　村上恭子 著　少年写真新聞社　2014

Ⅱ応える―3予約・リクエスト

基本の考え

　ここでリクエストと呼んでいるのは、利用者から求められた資料が自館の蔵書になく、新たに購入したり、他館から借りてきたりして、利用者に提供する制度です。利用者が求めている資料を確実に提供することで、利用者の「読みたい」「知りたい」という気持ちを保障するとともに、図書館に対する信頼を高めます。リクエストはアンケート調査とは違いますので、基本的に100％応えることを目指します。応えられない場合も、その理由をきちんと利用者に伝えます。
　予約数は学校図書館活動を評価する指標の一つです。
　貸出と同様に、予約方法や連絡方法で利用者のプライバシーが守られるように配慮することが大切です。

悩み① どこまで応えていいのかわからない

原因	解決するためには	具体的な活動
基準がない、または、あいまいだから	自館を「知る」	リクエストには、基本的に100％応えることをめざす。ただし、すべてを購入して対応する必要はない。 購入する場合は、選書の際の基準を適用する。 →Ⅰ整える―1選書参照

悩み② リクエストに応えきれない

原因	解決するためには	具体的な活動
基準がないか予算がないから、または、あいまいだから	校内の財源を「知る」 補助金を「知る」	校内外のいろいろな会計の担当者にかけ合ってみる。 →Ⅰ整える―1選書参照
	相互貸借をする	利用頻度の低いもの、高価なものなどは相互貸借で対応する。
	誠意をもって説明する	予算的にも相互貸借でも対応できないときは、応えられない理由を誠意をもって説明する。
そこに割ける時間がないから	勤務時間やほかの仕事とのバランスを考える	貸出や受入業務などに支障をきたすようなら、余裕ができるまで導入を待つ。

悩み③ リクエストの希望が出てこない

原因	解決するためには	具体的な活動
利用者が図書館に期待していないから	利用者を「知る」	利用者の潜在的な需要を先取りして選書を行う。 →Ⅰ整える－１選書参照
利用者がその制度を知らないから	利用者に伝える	リクエスト用ポスト・リクエスト状況掲示板などを作る。 年度当初のオリエンテーション、おたよりや利用案内、フロアーワークのときなど、あらゆる機会を使って利用者に伝えていく。
利用者が遠慮しているから		

リクエストカードの例

予約・リクエストカード

年　組　氏名

月/日　／

読みたい本がない……
でも、あきらめないで！
そんなときはリクエスト♪
みなさんの読みたい本をお届けします

このカードに記入して
リクエストBOXに入れるか
直接司書に渡してください

→ 本が用意できたらここで切り離し、上の部分を本にはさみます。真ん中の部分は記録用の控えになります。

わかる範囲で記入してください。

タイトル
著者名
出版社

→ 読みたい本のタイトルや著者名、出版社をわかる範囲で書いてもらいます。必要に応じて、生徒から直接聞きとりをします。

……以下事務処理用　記入の必要はありません……

購　入	取り置き	借　用	連　絡

→ 図書館側で使います。
リクエストに対してどのような対応をするか（したか）をここにメモします。

以下のとおり対応しています。
しばらくお待ちください。　処理月日　／

タイトル

□ 貸出中につき、予約を入れました
□ 購入します
□ 他館から借りてきます

→ 対応が決まったら、ここで切り離し、下の部分を図書館の掲示板に貼ってお知らせします。

→ 本が用意できたら、別の連絡用紙でリクエストした人にお知らせします。

II 応える－4 相互貸借

基本の考え

相互貸借は、図書館間で資料の貸借を行うことです。
限りある予算と限りある資料を最大限に活用するために、相互貸借を行います。
対象は、学校図書館、公共図書館（市町村・県など）、大学図書館などです。
事前に利用条件などを相互に確認する必要があります。

悩み① どうやって始めればいいのかわからない

原因	解決するためには	具体的な活動
相手のことを知らないから	校外と「連携する」	近隣の学校や公共、大学図書館を調べる。 →β連携する参照
相互貸借の方法を知らないから	方法を「知る」	ほかの学校や公共図書館に聞いたり、他館の相互貸借規定を参考にしたりする。

悩み② 資料を貸してもらえない

原因	解決するためには	具体的な活動
相互貸借の必要性が理解されていないから	校外と「連携する」	年間予算や貸出・リクエスト数など、具体的に相互貸借が必要であることを説明する。

悩み③ 物流の手段がない

原因	解決するためには	具体的な活動
本の貸し借りの手段がわからないから	学校を「知る」	図書館職員が直接借りに行っていいかどうか校内で確認する。 同一自治体では文書の配送などを行っているのでそれを利用できないか調べる。 安くすむ手段を知り、費用の負担について事務と相談する。

悩み④ どこにどんな本があるのかわからない

原因	解決するためには	具体的な活動
情報交換をしていないから	校外と「連携する」	電話、メール、Faxなどで所蔵照会ができるように打ち合わせる。 蔵書データのファイルを交換する。
他館の蔵書検索方法を知らないから	他館の検索方法を「知る」	インターネットで近隣の公共図書館のOPACや都道府県立図書館の総合目録を検索する。

悩み⑤ 使い勝手が悪く借りにくい

原因	解決するためには	具体的な活動
話し合いが足りないから	校外と「連携する」	事情を話して、貸出数・期間などの改善を依頼する。

悩み⑥ 貸した・借りた資料を紛失して困っている

原因	解決するためには	具体的な活動
紛失時の規定がないから	校外と「連携する」	紛失時にどのように対応するかを話し合って決めておく。 →Ⅱ応える―1 貸出参照
利用者に大切なものだということが伝わっていないから	利用者に伝える	他館から借りてきた本なので、とくに大切に扱ってもらうように伝える。 紛失した場合の弁償（あるいは絶版で貴重であることなど）について事前によく説明する。
利用者に大切なものだということが伝わっていないから	貸出方法を工夫する	他館から借りたものだとわかるように、その旨を記したしおりをはさんだり、本の外側に（本を傷めない場所に）シールなどを貼付したりする。 貴重なものは館内利用に限定する。

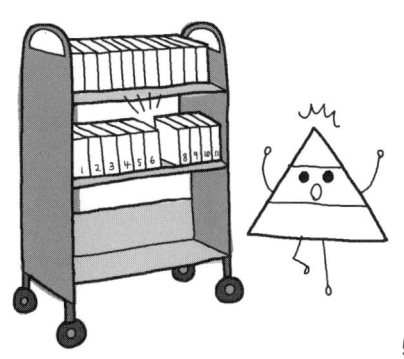

Ⅱ 応える－5 レファレンス(参考業務)

基本の考え

　レファレンスは、利用者のさまざまな質問に対して、図書館職員が図書館の資料や機能を使って、資料探しを支援したり、資料を提供したり、回答したりするサービスです。

　利用者の「知りたい」という気持ちを保障するもので、図書館に対する期待と信頼を高めます。

　答えにたどり着けなくても、単に「わからない」ではなく、調査過程を明らかにし、わかった情報を提供します。

　レファレンス数は学校図書館活動を評価する指標の一つです。

　利用者のプライバシーは厳守します。

悩み① レファレンスにうまく答えられない

原因	解決するためには	具体的な活動
利用者の問いを正しく理解していないから	利用者を「知る」	利用者にインタビューしながら、具体的に何を知りたいのかをはっきりさせていく。
問題を解いていく手順やツールを知らないから	解決方法を知る「連携する」	ほかの学校や公共図書館・専門機関に相談する。 質問の分野について得意そうな職員に相談する。 研修会に参加してスキルを磨く。 レファレンスの記録をとって、次の機会にいかす。 経験を積む。
必要な資料がないから	蔵書を「整える」 校外と「連携する」	基本となる参考図書(レファレンスツール)やよく質問が出る分野のものからそろえていく。 ほかの学校図書館の蔵書を参考にする。

悩み② レファレンスの質問が来ない

原因	解決するためには	具体的な活動
利用者がその制度を知らないから	利用者に伝える	年度当初のオリエンテーション、おたよりや利用案内、フロアワークのときなど、あらゆる機会を使って利用者に伝えていく。
利用者が遠慮しているから		カウンターから出るなど、聞きやすい雰囲気を作る。

レファレンス・データベース

インターネットの発達により、レファレンスの事例を蓄積し、ネット上に公開するサイトが増えてきました。その中からいくつかを紹介します。

国立国会図書館　レファレンス協同データベース　　http://crd.ndl.go.jp/reference/
東京都立図書館　　http://www.library.metro.tokyo.jp/
岡山県立図書館　　http://www.libnet.pref.okayama.jp/
日外アソシエーツ　レファレンスクラブ　　http://www.reference-net.jp/index.html

おすすめ本&WEB

- 『実践型レファレンス・サービス入門』補訂版　斎藤文男・藤村せつ子 著　日本図書館協会　2014
- 『調べるって楽しい！　インターネットに情報源を探す』　大串夏身 著　青弓社　2013
- 『図書館で調べる』　高田高史 著　筑摩書房　2011
- 『夜明けの図書館』　埜納タオ 著　双葉社　2011〜
- 『問題解決のためのレファレンスサービス』新版　長澤雅男・石黒祐子 著　日本図書館協会　2007
- 『図書館のプロが教える〈調べるコツ〉』　浅野高史＋かながわレファレンス探検隊 著　柏書房　2006
- 『情報源としてのレファレンスブックス』新版　長澤雅男・石黒祐子 著　日本図書館協会　2004

◇ 国立国会図書館リサーチ・ナビ　http://rnavi.ndl.go.jp/rnavi/

Ⅲ 働きかける ― 1 広報（図書館だより・掲示板）

> **基本の考え**
>
> 新着資料の案内、図書館の行っているイベントや特集コーナーを知らせることで、利用者を図書館へ引きつけ、利用のきっかけ作りをします。
>
> 図書館だより・掲示板ともに、上手に作ることよりも、たくさんの人にふれて知ってもらうことが大切です。図書館が日々変化していること・活動していることを、利用者に伝えることが第一目的となります。

図書館だより

悩み① 作り方がわからない

原因	解決するためには	具体的な活動
イメージできていないから	見本になるものを見つける	前任者や他校の図書館だよりを参考にする。
		学校向けのおたより作りのHow to 本を参考にする。
紙面の作り方がわからないから	印刷機器類・パソコンの使い方を知る	ワープロソフトなどの使い方を勉強する。
		校内の印刷機やプリンターの使い方を聞く。手書きが効果的な場合もある。

悩み② 何を載せていいのかわからない

原因	解決するためには	具体的な活動
編集方針がないから	図書館から何を知らせたいかを考える	新着図書やよく読まれた本の統計を掲載する。展示や特集コーナーの紹介をする。
		イベントや季節の情報など、校内外の情報を発信する。

悩み③ 魅力的な紙面にならない

原因	解決するためには	具体的な活動
編集方針の検討が不十分だから	利用者・学校を「知る」	読み手の年齢や興味関心を意識した紙面作りを考える。 季節や学校行事とリンクさせる。
センスがないから	センスはなくてもいい	図書館からの情報を利用者に知らせることが目的なので、出し続けることをまず考える。
	「連携する」	おたより作りの上手な人（児童生徒・職員）に協力してもらう。

悩み④ いつ出していいのか、配る回数やタイミングがわからない

原因	解決するためには	具体的な活動
校内の動き、利用者の動向が見えていないから	校内の動向を「知る」	月1回・隔週など定期的に発行する。 自分の目標を決める。 テスト前は避けるなど、読み手が目を通しやすい時期、時間帯を見つける。
配る回数や方法がわからないから		担任・図書委員など、誰を通じて配るのか配付ルートを確認する。

悩み⑤ 「紙のムダではないか」と言われる

原因	解決するためには	具体的な活動
学校内の配付物の状況を知らないから	校内の動向を「知る」	ムダではないことをアピールする。 発行媒体を変える（ほかのプリントに間借・掲示・放送・WEBページなど）。 発行頻度を見直す。 児童生徒に様子を聞いてみる。
職員側が児童生徒の利用状況を知らないから		

小学校の図書館だよりの例

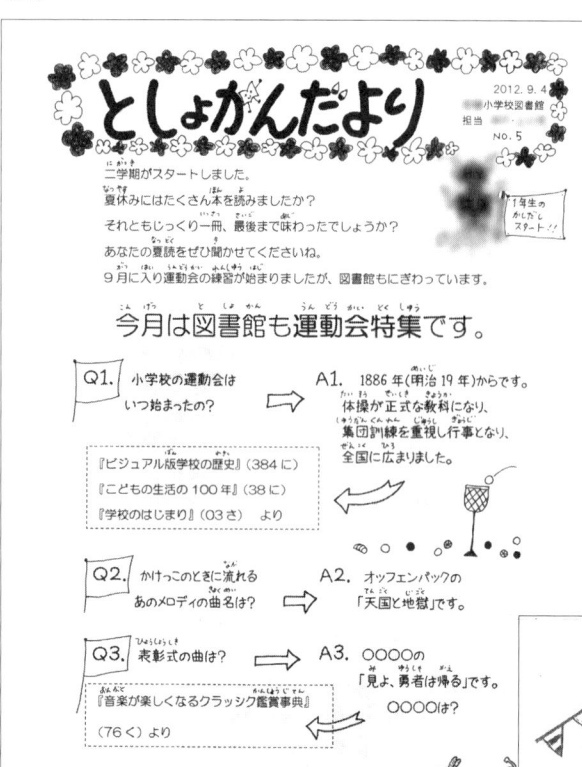

高校の図書館だよりの例

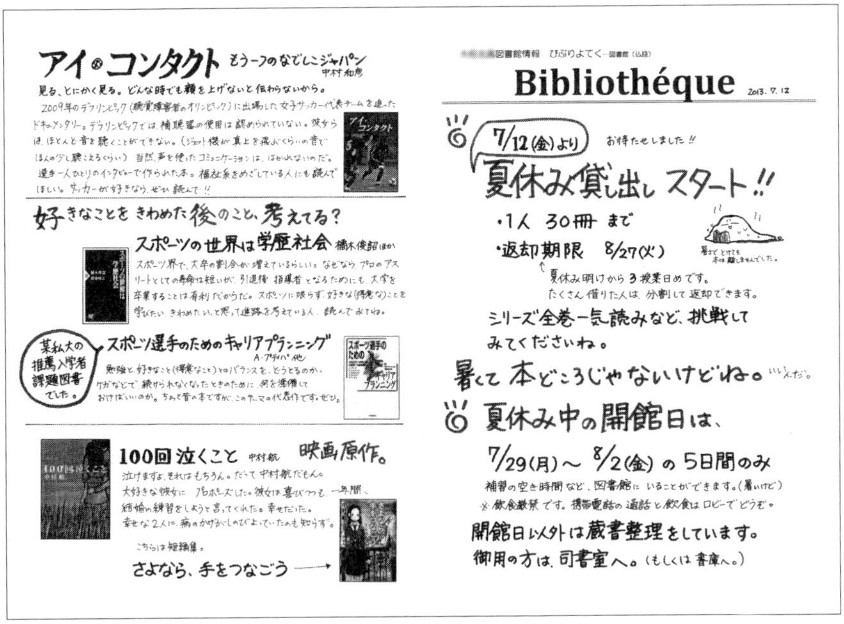

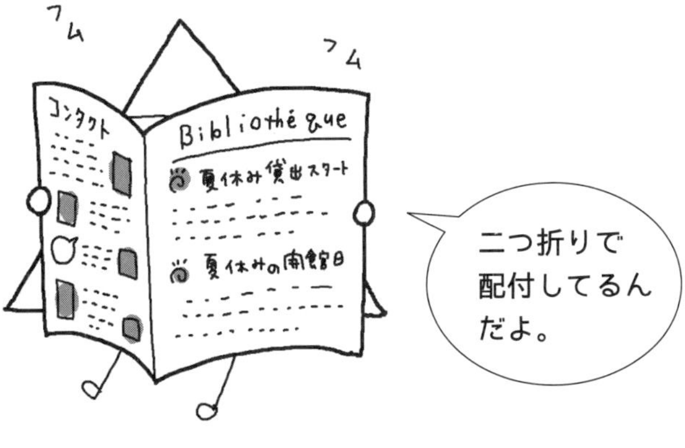

掲示板

悩み① 何を貼っていいのかわからない

原因	解決するためには	具体的な活動
貼るものを思いつかないから	手元にあるものを使う	図書館だよりを貼る。 ポスターを貼る。 壁面装飾の本を参考にする。
貼るものの選別ができないから	ほかの職員に相談する	教務などに相談する。 図書館のトータルイメージを考え、無理をしない。

悩み② 掲示板の管理が大変、掲示物を貼り替えるのが大変

原因	解決するためには	具体的な活動
掲示板が多すぎる・広すぎるから	適量を掲示する	掲示物の数を減らす。 一部をほかの人や部署に利用してもらう。 メインを決めてメリハリをつける。
そこに割ける時間がないから	「連携する」	職員や児童生徒に協力してもらう。

悩み③ 図書館が使える掲示板がない、わからない

原因	解決するためには	具体的な活動
管理者がわからないから	校内設備と管理者を「知る」	利用者の動線を考えながら、校内図を持って校内を歩いてみる。
場所が悪い・場所がないから	使えるように働きかける	管理している担当に掛け合う。 購入する、作製する。

働きかけのためのコミュニケーション事例集

おたより・掲示板を手伝ってほしいとき

☞ 「イラスト描くの得意なんだね〜上手だなぁ！　ねぇ、ここに何でもいいからちいさく何か描いてくれない？」

☞ 「この壁をにぎやかに飾りたいんだけど、なんかいいアイデアないかな？　折り紙や切り紙作ってくれる？」

☞ 「この間話していた本を、生徒にも紹介しようと思っているんですが、一言でい

いのでPR文を書いていただけませんか?」

図書館だよりが紙のムダでないことをアピールしたいとき
☞ 「図書館だよりを家に持ち帰って、保護者の方も一緒に見て楽しんでもらっているみたいです」
☞ 「個人配付から掲示に変えたら読まれなくなり、貸出数が減った学校があるんです」

図書館が使える掲示板を獲得したいとき
☞ 校内の動線や通る人の数を想定して、一番効果がありそうな掲示板をリサーチした上で、「昇降口前の掲示板に図書館コーナーを作りたいんですけど、あそこの管理ってどこがしているかご存知ですか?」
☞ 「先生、ここの廊下の掲示板に図書館コーナーを作ってもいいですか? ホームルームから遠くてなかなか図書館に足が向かないみたいなので、目につくところで宣伝したいんです」
☞ 渋られたときは「半分! 4分の1でもいいんです!」

・・・

おすすめ本
- 『『楽しもう! 学校図書館ディスプレイ』さわだ さちこ 著　全国学校図書館協議会　2009
- 『子どもと一緒に進める学校図書館の活動と展示12カ月　コピーしてできる資料と型紙付き』渡辺暢恵 著　黎明書房　2003

中学校の掲示板の例

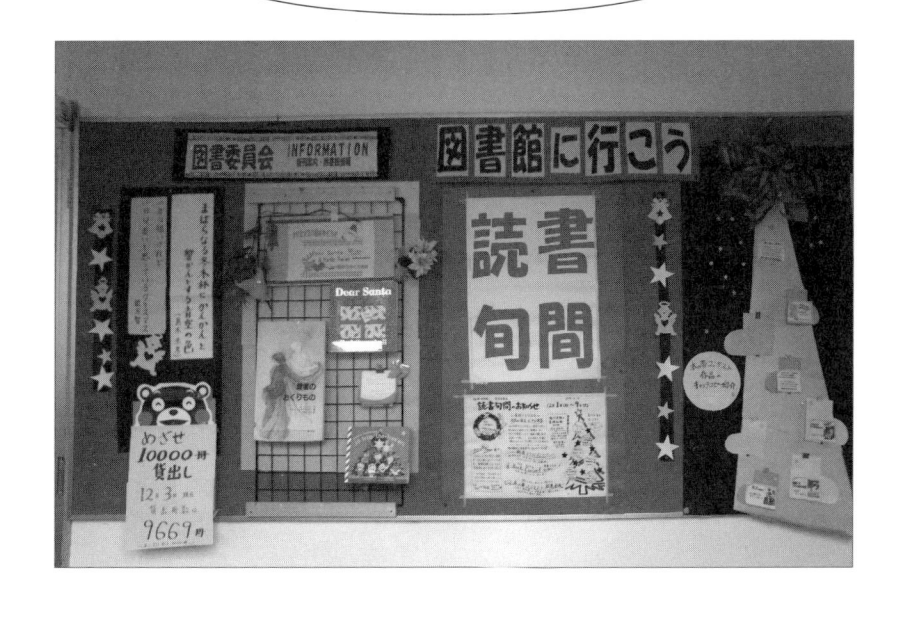

III 働きかける－2 イベント・行事・企画

> **基本の考え**
>
> イベントや行事は、図書館に関心がない人や本を読むことが苦手な人にも、図書館のおもしろさを伝え、足を運んでもらうきっかけになります。
>
> 0類から9類というあらゆる分野の情報の発信源として、イベントは役に立ちます。さまざまな利用のされ方につながる可能性があり、ほかの職員との協力関係をきずくチャンスになります。特に読書週間は、図書館をPRするいい機会です。

悩み① やり方がわからない

原因	解決するためには	具体的な活動
経験がないから	企画を知る	前任者の様子や、他校のイベントを参考にする。
苦手意識があるから	校内を「知る」	得意そうな人に協力を求めてみる。

悩み② いつ・どんなイベントを企画したらいいのかわからない

原因	解決するためには	具体的な活動
校内の動きが見えていないから	学校行事などを「知る」	年間行事予定表・学年行事・委員会行事・クラブ活動などを見ながら、共同イベントを考える。「今」を意識する。行事の立て込む時期やテスト前を避ける。「1週間のうちならいつでも参加できる」など期間や回数に配慮する。
利用者の興味関心がわからないから	利用者を「知る」	
児童生徒が忙しいから	季節感・流行を「知る」	

悩み③ イベントをしても人が来ないのではないかと心配

原因	解決するためには	具体的な活動
児童生徒・職員に情報が伝わっていないから	広報などで働きかける 口コミを利用する	放送やポスターやおたよりなどの広報に力を入れる。
利用者の興味関心を知らないから	利用者を「知る」	本と直接関係ないことでも大丈夫。「ダメもと」で気楽に。参加者は大勢でなくてもよい。万人受けを目指さない。
児童生徒が忙しいから		

悩み④ イベントをしている時間がない

原因	解決するためには	具体的な活動
大掛かりなものを考えすぎているから	勤務時間やほかの仕事とのバランスを考える	七夕で短冊を書いてつるしてもらうなど、利用者が自分で自由に参加できる方法を考える。
そこに割ける時間がないから		ほかの職員や児童生徒にお願いする。自分のできるときに実施する。

悩み⑤ イベントをするお金がない

原因	解決するためには	具体的な活動
予算の裏づけがないから	校内の財源を知る 補助金・助成金を知る	校内の事務・PTA・児童生徒会・同窓会などの会計担当者に相談する。
お金の出どころがないから	お金をかけない「連携する」	児童生徒・職員に講師などを依頼する。

悩み⑥ やるなと言われた

原因	解決するためには	具体的な活動
イベントの意義が伝わっていないから	趣旨を理解してもらえるよう働きかける	図書館はさまざまな情報の発信源であることを理解してもらう。
	校内外の組織・団体と協力する	味方を作る。

働きかけのためのコミュニケーション事例集

イベントをするお金がないときに

☞ 「七夕のイベントで使いたいので、学校にある竹を少しいただけませんか?」
☞ 「イベントの景品に使いたいのですが、粗品のボールペンなどが余ってはいませんか?」

周りの人に協力をお願いするときに

☞ 「○○君、吹奏楽部長だよね。アンサンブルのクリスマスコンサートを図書館で開いてもらえるかな?」

☞ 「先生、科学実験が得意だとお聞きしました。夏休みのイベントを企画しているのですが、よろしければ講師をお願いできないでしょうか?」

☞ 公共図書館に「お話し会の出張をお願いできますか?」

おすすめ本&WEB

- 『子どもが必ず本好きになる16の方法』 有元秀文 著　合同出版　2014
- 『ビブリオバトルを楽しもう』 粕谷亮美著　谷口忠大 監修　さ・え・ら書房　2014
- 『読書イベントアイデア集＜中・高校生編＞』 高見京子 著　全国学校図書館協議会　2014
- 『フランスの公共図書館　60のアニマシオン　子どもたちと拓く読書の世界!』ドミニク・アラミシェル 著　辻由美 訳　教育資料出版会　2010
- 『読書へのアニマシオン　75の作戦』 マリア・モンセラット・サルト 著　宇野和美 訳　柏書房　2001
- 『子どもを本好きにする読書指導のネタ&コツ』上條晴夫 著　学事出版　2009

- 雑誌『ライブラリー・リソース・ガイド』第4号/ 2013年夏号、2013年8月
　『ライブラリー・リソース・ガイド』第9号/ 2014年秋号、2014年12月

◇ ライブラリー・リソース・ガイドFacebook　　https://www.facebook.com/LRGjp

職員による怪談の朗読会

第3木曜日はおみくじの日
引いたくじの色でしおりや「プラス1冊貸出券」などちょっとしたプレゼントがあたる。図書館に来るきっかけ作り。

Ⅲ 働きかける－3 コーナー作り

基本の考え

図書館が変化していること・活動していることを、利用者に見える形で伝えます。作りっぱなしは魅力と鮮度が落ちます。

また時事問題、魅力的なテーマに沿った資料、授業の進行に合わせた資料などを展示することで、利用者の興味関心をかきたてます。

コーナー作りを通して図書館の資料の把握ができ、資料の見直しにも役立ちます。

悩み① 作っている時間がない・続けられない

原因	解決するためには	具体的な活動
大掛かりなものを考えすぎているから	勤務時間と仕事とのバランスを考える	1冊でもコーナーになる。季節の本や、ニュースに関連した本などの簡単なテーマで、少ない冊数から始めてみる。ほかの職員や児童生徒にお願いする。自分のできるときにだけやる。
そこに割ける時間がないから		

悩み② テーマが見つからない・利用者の興味を引いているのかどうかがわからない

原因	解決するためには	具体的な活動
固く考えすぎるから	学校行事などを「知る」	「昨年の貸出ベスト10」や「人気の本」など、利用者の身近な話題からテーマを決める。年間行事予定表・学年行事・委員会行事・クラブ活動などを見ながらテーマを考える。「今」を意識する。テーマに合った現物(木の実や貝殻など)も展示に使ってみる。
校内の動きが見えていないから	利用者を「知る」	
利用者の興味関心がわからないから	季節・流行・時事を「知る」	

悩み③ 場所がない

原因	解決するためには	具体的な活動
図書館が狭いから	館内を「整える」	狭いスペースでもいいので、利用者の目に留まりやすい場所を選ぶ。 模様替えをするときに、コーナーを確保する。
館内のレイアウトに問題があるから		

悩み④ 本がない

原因	解決するためには	具体的な活動
図書館に魅力的な資料がないから	資料を「整える」	テーマを考えた段階で資料を探し、新しい本・面白い本がないと感じたら購入する。

悩み⑤ 見せ方・飾り方がわからない

原因	解決するためには	具体的な活動
方法を知らないから	方法を知る	ほかの学校や公共図書館を参考にする。 販売店のディスプレイを参考にする。 本を参考にする。 児童生徒、職員にお願いする。
大掛かりに考えすぎるから		

おすすめ本&WEB

- 『読書力アップ！　学校図書館の本のえらび方』　赤木かん子 著　光村図書出版　2013
- 『読書力アップ！　学校図書館のつかい方』　赤木かん子 著　光村図書出版　2012
- 『楽しもう！　学校図書館ディスプレイ』さわだ さちこ 著　学校図書館協議会　2009
- 『子どもと一緒に進める学校図書館の活動と展示12カ月　コピーしてできる資料と型紙付き』渡辺暢恵 著　黎明書房　2003

- 雑誌『ライブラリー・リソース・ガイド』第9号／2014年秋号、2014年12月
  『ライブラリー・リソース・ガイド』第4号／2013年夏号、2013年8月

◆ ライブラリー・リソース・ガイドFacebook　　https://www.facebook.com/LRGjp

コーナー作りの例

今日は何の日？のコーナー

母の日・家族みんなにありがとう

クリスマスの展示

書道部とのコラボレーション「秋桜」

III 働きかける ― 4 オリエンテーション（新入生・在校生）

基本の考え

　新入生オリエンテーションは、新たに学校図書館を利用する児童生徒に対して、図書館の使い方と図書館が学校にある意義を伝えます。図書館職員を知ってもらうことや、図書館に対して親しみを持ってもらい、足を運びやすくすることも大事な目的です。そのためにも図書館で実施することが望ましいです。

　在校生に対して、4月にオリエンテーションを実施してから貸出を始める学校があります。図書館の使い方を確認するとともに、資料の探し方・使い方が学年ごとにステップアップできるように計画を立てましょう。

新入生向けオリエンテーション

悩み① 何を話したらいいのかわからない

原因	解決するためには	具体的な活動
オリエンテーションの目的がはっきりしないから	利用者を「知る」 伝えたい内容を決める	一番大事なこと、二番目三番目と、限られた時間の中で伝えられることを、あらかじめ絞りこむ（貸出方式や職員の勤務形態によって、一番大事なことは変わる）。 利用者をよく見て、使い方・図書館の魅力・マナーのどれを一番優先するかを考える。
話したいことが多すぎ、中身が絞れないから		
時間が余ってしまうことが気になるから		時間は余ってもよい。児童生徒が書架に触れる時間も大切にしたい。
対象となる利用者のことを知らないから	利用者を「知る」	前から勤務する職員に、児童生徒の様子を聞く。 新入生歓迎会などに参加して、生徒の様子を見る機会を作る。 新入生の興味あることは何かを考え、それと結びつけて図書館を印象づける。

悩み② 効果的なオリエンテーションがわからない

原因	解決するためには	具体的な活動
人前で話すことに慣れていないから	オリエンテーションの効果的な技を知る	多少ぎこちなくてもよい。回数を重ねることで慣れていく。
プレゼンテーションソフトなど、道具やツールを知らないから		パソコン・小道具・利用案内など、使える道具の情報を教えてもらう。研修会などに参加してほかの人の実技を見せてもらい、工夫している点などをまねしてみる。

悩み③ 児童生徒が聞いてくれない

原因	解決するためには	具体的な活動
伝え方が単調だから	オリエンテーションの効果的な技を知る	クイズや作業など、児童生徒参加型のプログラムを取り入れる。絵本の読み聞かせやブックトークなどもよい。話の区切れでリラックスタイムをとる。
一方的に話し続けているから		
児童生徒の集中が続かないから	利用者を「知る」	児童生徒に合った言葉遣いを、まわりの職員に聞く。
言葉遣いや内容が難しいから		

悩み④ オリエンテーションの場所や時間が確保できない

原因	解決するためには	具体的な活動
オリエンテーションの必要性がまわりに伝わっていない	時間をもらえるように働きかける	新一年の担任にオリエンテーションの意義や計画を話して、できるだけ時間を確保する。
今まで実施したことがなかった		
単独で実施できないから	図書館でクラス単位でできるように働きかける	校内や新1年担任などと相談し、できるだけ機会を確保する。どうしても図書館で実施できないときは、図書館の様子を伝えられるように写真や掲示物やスライドなどを準備する。
クラス単位で実施できないから		

在校生向けオリエンテーション

悩み① 何を話したらいいのかわからない

原因	解決するためには	具体的な活動
新入生向けとの違いがわからないから	児童生徒の実態を「知る」各学年で身につけたい情報リテラシーを知る	毎年繰り返す必要があるものは何か、確認する。情報リテラシー教育の年間計画を知る。その中で図書館でできること、この時期に知らせておきたいことを中心に組み立てる。
学年に合った内容に変えられないから		

働きかけのためのコミュニケーション事例集

実施時間を確保する

☞ 「新入生に図書館の使い方を知ってほしいのでオリエンテーションをしたいのですが、使ってもよさそうな時間はありますか？」

☞ 「一度でも図書館に足を運べばその後も来やすくなると思うんです」

☞ 「1時間でなくても、20分くらいでもいいので、お時間をいただけないでしょうか？」

☞ 「どなたか4月に出張などで自習を予定されている先生がいらしたらご連絡ください」

職員に対象者について質問する・授業を見せてもらう

☞ 「この学校の部活加入率はどのくらいですか？ 特にがんばっている部活はなんですか？」

☞ 「ここはおとなしい子が多いですか？ 割とやんちゃな子が多いですか？ 何分くらいなら落ち着いて話が聞けそうですか？」

☞ 「今度一年生にオリエンテーションをするんですけど、生徒の様子が知りたいので先生の授業を一度見せていただいていいですか？」了解がとれたら「ご都合のよい時間を教えてください。○日の○時間目はご都合いかがですか？」

☞ オリエンテーションの概要をプリントして持参し「これだけの内容を話して飽きずに聞けそうでしょうか？」「当日先生からも読書や本について○分くらい話していただいてもいいですか？」

おすすめ本&WEB

- 『学校図書館に司書がいたら 中学生の豊かな学びを支えるために』村上恭子 著 少年写真新聞社 2014
- 『読書力アップ！ 学校図書館のつかい方』赤木かん子 著 光村図書 2012
- 『協働する学校図書館＜小学校編＞ 子どもに寄り添う12か月』吉岡裕子 著 少年写真新聞社 2010
- sLiiic学校図書館プロジェクト http://www.sliiic.org/

Ⅲ 働きかける―5 職員向けオリエンテーション

基本の考え

児童生徒だけでなく職員も学校図書館の利用者です。学校や自治体が変わればサービスの内容や方法が変わることがあります。職員向けオリエンテーションの実施は、職員に学校図書館のよき利用者になってもらうとともに、授業支援や他部署との連携につながる第一歩となります。

悩み① 何を話したらいいのかわからない

原因	解決するためには	具体的な活動
経験がないから	伝えたい内容を決める	①図書館職員を知ってもらう ②職員向けサービスを知ってもらう の2点を中心に、できることをあげて組み立ててみる。
生徒向けとどこが違うのかわからないから		

悩み② 時間がとれない

原因	解決するためには	具体的な活動
校内の動きが見えていないから	校内の動きを「知る」	職員会議の中で時間を確保する。それが無理なら、新任職員に校内を案内するとき、図書館で少し時間をもらうなど、工夫する。職員研修の機会をとらえて組み込んでもらう。「職員向けサービス案内」の資料を配付する。次年度には実施できるように年度末の係の反省・要望にあげておくとよい。

働きかけのためのコミュニケーション事例集

時間を確保する

☞ 「教頭先生、新しい先生方への校内案内のとき、図書館の利用方法と先生方へのサービスについてちょっと説明させていただけませんか？ 実際に図書館の場で説明させていただいたほうがその後使っていただきやすくなると思うんです」

学年別オリエンテーションの例（N小学校）

1年	図書館ってなあに？　図書館のルール・マナー 本の借り方返し方（実際に借りる） ◇『としょかんへいくピープちゃん』（評論社）の読み聞かせも
2年	本の分け方（分類）と本の配置について ◇歌で覚えるNDC（※豊中市の司書考案　きらきら星のメロディーで）など
3・4年	本の歴史を知る　分類のしくみを知る 『調べ学習の基礎の基礎』（ポプラ社）を参考に 『図書館へ行こう！』（国土社）を参考に分類クイズ（学年別に）
5・6年	1つのキーワード（宇宙・自動車・コンビニなど）からさまざまな分類の本につながることを知り、関係する本を1冊探して発表する ◇『「なんでも学べる学校図書館」をつくる ブックカタログ＆データ集』（少年写真新聞社）を参考に

中学校の学年別オリエンテーションの例（I中学校）

1年	中学校の図書館ってこんなところ（自館の概要・図書館でできること） 図書館の使い方　書架案内
2年	図書館概要 学習に役立つ本の紹介（参考図書について）
3年	図書館概要　情報の活用について 各メディアの特性を知る　著作権クイズなど

職員用利用案内の例（T高校）

1. 日常の利用について
   開館時間・貸出冊数・期間・方法　資料検索の方法　各種利用サービス　保管資料
2. 授業での利用について
   利用の申し込み方　事前打ち合わせ
   ブックリスト作成など
3. 担任の先生にお願いしたいこと
   図書館からのお知らせの配付など
   生徒のプライバシー保護

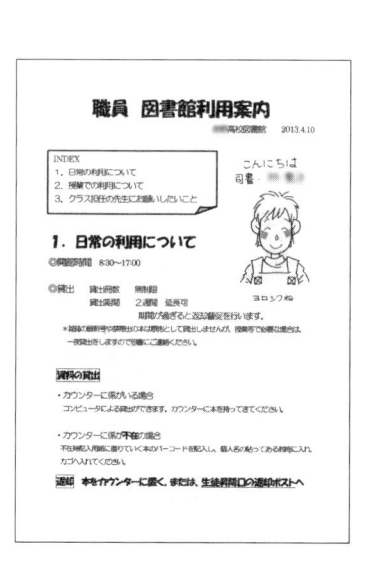

Ⅲ 働きかける—6 読み聞かせ・ブックトーク等の実演

> **基本の考え**
>
> 　本と児童生徒を結びつける方法として、読み聞かせやブックトーク、アニマシオンなどのさまざまな実演があります。これらはある程度技術と経験が必要ですが、図書館を使ってもらうための大きな武器になりますので、少しずつでも身につけるようにするとよいでしょう。また授業支援にも効果的です。

悩み① 何をしたらいいのかわからない・自信がなくてできない

原因	解決するためには	具体的な活動
はじめの一歩が踏み出せないから	学べる機会を知る	学習会に参加してどんな実演があるのか、どう技術をみがいたらいいのか教えてもらう。ほかの人の実演を見せてもらい、工夫している点などをまねしてみる。児童生徒が我慢して聞く状態は避けたいので、練習を積み重ねる。
練習したり勉強したりする方法がわからないから		

悩み② 知識・技術がない・本が選べない

原因	解決するためには	具体的な活動
知識がないから	学べる場所・資料を知る	公共図書館のイベントに参加してみる。参考資料（→おすすめ本参照）にあたる。ほかの人に聞く。

悩み③ 実演をする機会がない

原因	解決するためには	具体的な活動
どんなことができるのか教員が知らないから	教員に働きかける校内を「知る」	教員と仲良くなり、自習やホームルーム・学活の時間など、できるところから始めてみる。実演の具体的な内容や反応を、おたよりやオリエンテーションで教員に知らせる。
教員が遠慮しているから		
授業が忙しくてそれを取り入れる時間がない		あせらずに待つ。

悩み④ 時間がない

原因	解決するためには	具体的な活動
そこに割ける時間がないから	仕事のバランスを見直してみる	ほかの人と仕事を分け合えるものは何か、考える。
		ボランティアなどほかの人にお願いする（コラム参照）。

働きかけのためのコミュニケーション事例集

実演の時間を確保したいときに

☞ 「図書の時間の最初の10分でいいので、読み聞かせをさせていただいてもよろしいですか？ 子どもたちの本への関心をぜひ広げたいんです」

☞ 「他校で、歴史学習の前にブックトークをしたら、その時代のイメージが広がったんだそうです。そして図書館に使える本がたくさんあるということもわかって子どもの学習意欲が高まったと聞きました。うちの学校にある関係の本をリストアップしてみましたので、今度ブックトークをさせてもらってもいいですか？」

おすすめ本

- 『鍛えよう！ 読むチカラ 学校図書館で育てる25の方法』桑田てるみ 監修 「読むチカラ」プロジェクト 編著　明治書院　2012

読み聞かせ
- 『かならず成功する読み聞かせの本』赤木かん子 著　自由国民社　2008
- 『楽しい読み聞かせ』改訂版　小林功 著　全国学校図書館協議会　2006
- 『読み聞かせわくわくハンドブック』代田知子 著　一声社　2001

ブックトーク
- 『ひと目でわかるブックトーク』「この本読んで！」編集部 編　NPO読書サポート　2012
- 『授業で役立つブックトーク』上島陽子 著　少年写真新聞社　2012
- 『学校ブックトーク入門 元気な学校図書館のつくりかた』高桑弥須子 著　教文館　2011
- 『だれでもできるブックトーク２（中学・高校生編）』村上淳子 著　国土社　2010
- 『ブックトーク再考』学校図書館問題研究会 編　教育史料出版会　2003

紙芝居
- 『紙芝居の演じ方Q＆A』まついのりこ 著　童心社　2006

コラム　誰に、どのようにお願いするの？

依頼先は地域文庫、ＰＴＡ、地域の読み聞かせグループなどです。地域にどのようなボランティアがいるのかを知りたいときは、公共図書館や教育委員会・子ども支援センターなどに相談してみましょう。公共図書館の児童担当の職員が直接学校に出向いてブックトークや読み聞かせをしてくれるところもあります。

Ⅲ 働きかける―7 授業支援

基本の考え

　学校図書館法第2条に「学校の教育課程の展開に寄与する」と記されているように、学校の授業・特別活動などの教育活動全般を支えるのが、学校図書館の仕事です。

　資料・情報を提供し、授業を充実させるための支援をします。

　図書館の場所を提供する、資料を貸し出す、使える資料リストを作成する、調べ学習の支援をする、教員と協働して授業を進めるなど、関わり方にはいろいろな方法やレベルがあります。

　詳しくは巻末の「授業支援準備シート（95ページ）」を参照してください。

悩み① 授業で使ってもらえない

原因	解決するためには	具体的な活動
教員が使い方を知らないから	教員に働きかける校内を「知る」	教員と仲良くなる。 図書館ができる具体的な支援方法を、おたよりやオリエンテーションで教員に知らせる。 図書館を使った具体的な授業事例を教員に知らせる。
教員が遠慮しているから		
教員が忙しくて図書館を使った授業をしている時間がないから		あせらずに待つ。 教員側の負担を軽くし、気持ちの負担を減らせるような図書館利用の例を紹介する。 授業の進行に合わせて図書館で関連資料の展示や広報をすることもよい。
使える資料がないから	資料を「知る」	授業の内容を確認し、必要な資料を購入する。 判断が難しければ、担当の教員などに選んでもらう。 予算が厳しければ、ほかから借りる。

悩み② 何をしたらいいのか、どこまで関わっていいのかわからない

原因	解決するためには	具体的な活動
授業で何をしているかわからないから	教員に聞く 授業を見る 児童生徒に聞く 授業支援のさまざまな方法を知る	学年・各教科の年間指導計画・シラバスを知る。 他校の実践を聞く。 参考になる資料やサイトを見る。
方法を知らないから		
授業にふみ込んでいいのか判断できないから	教員に働きかける 授業を「知る」	授業担当教員と事前の打ち合わせをして、図書館側でやること、関わる範囲を確認しておく。 その授業全体の目的およびその時間の目的を担当教員と共有する。
その授業の目的を共有できていないから		

悩み③ 時間がない

原因	解決するためには	具体的な活動
授業支援に割ける時間がないから	勤務時間やほかの仕事とのバランスを考える	できるようになったらやってみる。 関係者で仕事を分担する。

悩み④ 小学校の「図書の時間」の対応に悩む

原因	解決するためには	具体的な活動
何をしていいかわからない	授業を「知る」 学校行事を「知る」	図書の時間について教員と共通理解を持つ。 児童生徒が本を借りる時間や読む時間を確保することも大切。 季節や行事に合った本の紹介や読み聞かせ、ブックトーク、調べ学習など。

働きかけのためのコミュニケーション事例集

授業で使ってもらえるように働きかける

☞ 「今度こんな本を入れたんですけど、授業で使えますか？」

☞ 「この単元の前に百科事典の使い方を知っておくと、あとの調べ学習がとてもやりやすくなると思うんです。百科事典を複数用意できますので、やってみませんか？」

おすすめ本&WEB

- 『学びの技　14歳からの探求・論文・プレゼンテーション』後藤芳文・伊藤史織・登本洋子 著　玉川大学出版部　2014
- 『学校司書って、こんな仕事　学びと出会いを広げる学校図書館』学校図書館問題研究会 編　かもがわ出版　2014
- 『学校図書館に司書がいたら　中学生の豊かな学びを支えるために』村上恭子 著　少年写真新聞社　2014
- 『図書館へ行こう！　楽しい調べ学習1・2・3年生』藤田利江編 著　国土社　2013
- 『図書館へ行こう！　楽しい調べ学習4・5・6年生』藤田利江編 著　国土社　2013
- 『「なんでも学べる学校図書館」をつくる　ブックカタログ&データ集　中学生1300人の探究学習から』
　　　　　　　　　　　　　　　　　　　　　　　　　　　片岡則夫 著　少年写真新聞社　2013
- 『中学生・高校生のための探究学習スキルワーク　6プロセスで学ぶ』桑田てるみ 著　全国学校図書館協議会　2012
- 『調べ学習の基礎の基礎』改訂版　赤木かん子 著　ポプラ社　2011
- 『学校図書館発　育てます！　調べる力・考える力』遊佐幸枝 著　少年写真新聞社　2011
- 『問いをつくるスパイラル―考えることから探究学習をはじめよう！』
　　　　日本図書館協会図書館利用教育委員会図書館利用教育ハンドブック学校図書館（高等学校）版作業部会編 編著
　　　　　　　　　　　　　　　　　　　　　　　　　　　　　　　日本図書館協会　2011
- 『協働する学校図書館〈小学校編〉子どもに寄り添う12か月』吉岡裕子 著　少年写真新聞社　2010
- 『しらべる力をそだてる授業！』赤木かん子・塩谷京子 著　ポプラ社　2007

◯ 授業に役立つ学校図書館活用データベース 東京学芸大学学校図書館運営専門委員会
　　　　　　　　　　　　　　　　　　　　　　http://www.u-gakugei.ac.jp/~schoollib/htdocs/
◯ 子ども向けパスファインダーの例　帯広市図書館　http://www.lib-obihiro.jp/pathfinderc.html

---

コラム

「図書の時間」って？

　学習指導要領にのっとったものではありませんが、各学校の図書館教育指導の計画に基づいて「図書館を優先的に利用できる時間」として週1時間程度設定している学校が多いようです。読書指導、利用指導を行う時間として、主に国語（社会科や特別活動なども）の時間から割り振っています。「図書館の時間」と呼ぶところもあるようです。

β 連携する

> 図書館業務は一人で行うことが多いように思われがちですが、さまざまな課題を解決したり活動の幅をさらに広げたりするためには、周囲の人や機関と連携することが大切です。
>
> さまざまな情報交換や相談、人的・物的な交流など、業務モデルの「整える」「応える」「働きかける」それぞれの場面でどのような関わりができるかを確認しましょう。

1 校内で連携する

学校図書館は、学校に関わるすべての人や事がらと結びつく可能性を持っています。職員はもちろん、校内の各部署や児童生徒とも情報を交換・共有し、ときには行事や企画などを共同で実施すれば図書館の活動はさらに充実したものになるでしょう。

また、「α知る」で得た各種の情報を活用して相談相手を見つけたり、広報や授業支援につなげたりすることもできます。校内の組織や役割分担を知り、どのような人や部署とつながることができるかを把握しましょう。

1.1 図書館係（司書教諭、学校司書、係教員など）

学校図書館をともに運営していくパートナーです。運営方針や年間計画等の計画・立案、選書や児童生徒への対応、図書館が主催・共催する行事の推進などについて、常に情報を交換し連絡や相談ができるような環境作りをしましょう。

1.2 事務担当者

資料や物品の購入、企画推進に関わる費用（予算執行）について相談ができます。また、職員や校内の動向を把握する立場にあるため、学校内の情報を知りたいときには相談してみましょう。

1.3 ほかの校務分掌

進路係、生徒指導、保健室などが企画する行事を把握し、タイミングよく図書館資料の利用を呼びかけることで、学校内の興味関心や雰囲気を盛り上げることができます。

1.4　各教科（専門科）担当者

日々の授業に図書館や図書館資料を使ってもらえるよう、情報の収集や提供を行います。選書・除籍の際に意見や要望を聞く、行事の講師として招くなど専門性をいかした協力を仰ぐこともできます。

また、授業等で作成した資料・作品を図書館で展示したり、保存資料として提供してもらうように依頼するのもよいでしょう。

1.5　学年・クラス

学年行事や集会での活用、課外活動の事前学習なども、担当する職員を把握して、図書館として支援や協力ができることを伝えましょう。また学級単位での読書、ホームルームの空き時間の活用、クラス通信の素材集めなど、担任が図書館を活用できるようなコミュニケーションづくりも大切です。

小学校で「図書の時間」が時間割に組まれているときは、内容や進め方などを事前に学級担任と打ち合わせておくと充実した時間になります。

1.6　児童生徒委員会　部活動　クラブ活動

児童生徒が運営する委員会でも、行事や通信作成のための情報収集などに図書館や図書館資料が使えることを、顧問や責任者に呼びかけましょう。

部活動・クラブ活動に関連する資料をそろえて利用してもらうほか、図書館で研究成果や作品を発表・展示するなど、相互に協力することもできます。

1.7　図書委員会

図書委員は図書館運営に直接関わります。委員とのコミュニケーションを図り、図書館の役割や機能を伝えながら、委員会の仕事や行事がスムーズに進められるように協力していきましょう。

Q&A

Q：図書委員会とどう関わったらよいかわからない

A：地区や校種によって関わり方はさまざまです。新たに赴任した場合は図書委員がその学校での先輩になるので、今までのやり方を急に変えると混乱します。前任者のスタンスを知ることから始めて、児童生徒と協力しながら図書委員会を運営していきましょう。

図書委員に配布するプリント例（Ⅰ中学校）

〈表〉

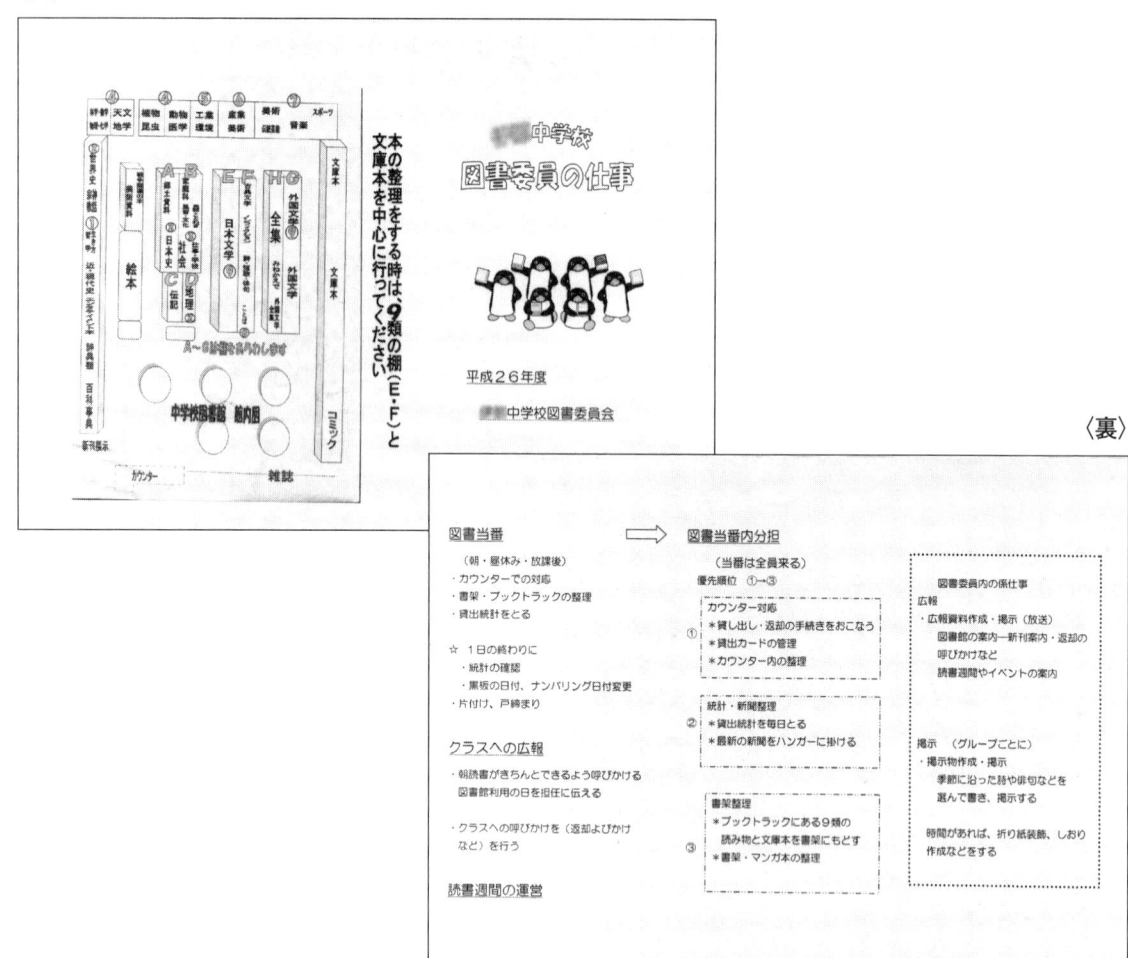

〈裏〉

コラム

気になる児童生徒への対応

　図書館には、学年やクラスの枠を超えてさまざまな児童生徒が訪れます。中には一人で対応するには難しい場合もあります。館内でのトラブルや気にかかる児童生徒への対応には、プライバシーや安全面に気を配りながら、クラス担任や関わりのある教職員（生徒指導担当、養護教諭、特別支援担当者など）と連絡を取り合うように心がけましょう。困ったことがあれば、日時や出来事の記録をとっておくことも大切です。

"給食"でつながる

　物語や絵本に登場する料理や食材を給食に取り入れる試みをしている学校があります。栄養士や給食調理員の協力を得て献立を作成したり、図書委員や放送委員などが本やメニューの紹介をすることで読書や給食への関心が高まります。

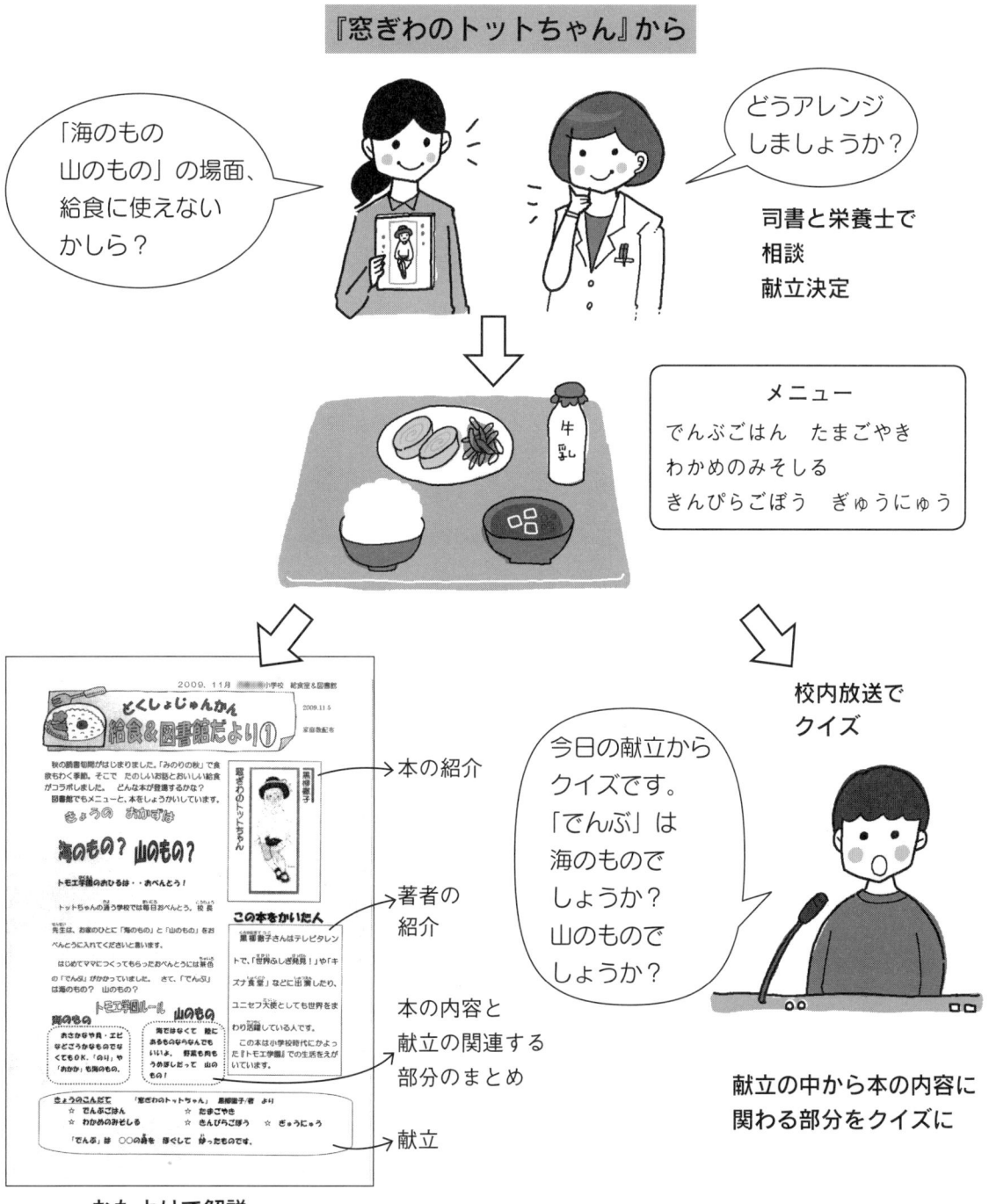

『窓ぎわのトットちゃん』から

「海のもの　山のもの」の場面、給食に使えないかしら？

どうアレンジしましょうか？

司書と栄養士で相談
献立決定

メニュー
でんぶごはん　たまごやき
わかめのみそしる
きんぴらごぼう　ぎゅうにゅう

→ 本の紹介
→ 著者の紹介
→ 本の内容と献立の関連する部分のまとめ
→ 献立

おたよりで解説

校内放送でクイズ

今日の献立からクイズです。「でんぶ」は海のものでしょうか？山のものでしょうか？

献立の中から本の内容に関わる部分をクイズに

2．学校外と連携する

校外にも連携を図ることができる人や機関があります。

まずは地域にはどのような学校・公共図書館・博物館などの類縁機関（情報機関）があるかを把握し、資料の相互貸借、行事の開催、情報交換や相談など、どのような関わりができるか確認するとよいでしょう。また情報交換のできる相手やグループも探しましょう。

連携機関の利用規定を知り、連絡先（電話・Fax番号、メールアドレス、担当者など）リストを作成しておくと便利です。

2.1　近隣の学校図書館
2.1.1　日頃交流のある近隣の同じ校種の学校

これらの学校とは資料の相互貸借で協力できるほか、学習や情報交換をする機会を持つこともできます。

全国学校図書館協議会（全国SLA）や図書館協会といった各種の図書館研究団体、図書館職員の連絡会など、公私のネットワークとその交流頻度や手段を確認しましょう。相談相手となる図書館関係者を見つけやすいところです。

2.1.2　最寄りの小中高校・専門学校・大学（場合によっては幼稚園・保育園）

通常の相互貸借では資料がそろわない場合は、最寄りの教育機関などにも協力を仰いでみましょう。

校内の他部署が交流していたら、そのつてもたどるとスムーズに進みます。また情報提供や行事への協力を行う場合もあります。

2.2　公共図書館

資料の相互貸借、レファレンス、レフェラルサービス、情報提供などで連携できます。日常的に利用する公共図書館の連絡先、利用規定などを確認し、担当者に挨拶をしておくとよいでしょう。団体貸出を受けられるようなら利用者登録をします。公共図書館の職員が学校図書館を支援したり、児童生徒が公共図書館を見学するなどして関わることもあります。

2.3　書店

　書店は取次の系列や立地などの諸条件により、得意なジャンルや納品のタイミングが変わってきます。絶版資料などは古書店の利用も考えられます。時期を逃さない資料提供をするためにも、ほかの学校とも情報交換をしながら上手に使い分けましょう。

　書店からは資料の購入だけでなく、新刊や出版に関する情報を得ることができます。また、直接取引がなくても、お話の会や読書アドバイザー講習などを定期的に行っている書店もあるので、情報の収集を心がけましょう。

2.4　その他の外部機関 —— 官公庁・美術館・博物館・公民館など

　独自に発行・配布している資料もあるので、調べ物などで必要なときに備えて入手しておくとよいでしょう。収蔵品の貸出を受けることもできます。各種の専門家がいる場合はレファレンスをはじめ、行事や講演などへの協力を仰ぐことも考えられます。

2.5　人・団体　[保護者（PTA）・ボランティア・子ども文庫・おはなしサークル]　　　　　　　など

　学校での読み聞かせや学校行事や課外活動への協力、図書館の環境整備へのお手伝いをお願いすることができます。団体・代表者の連絡先や活動内容などを把握しておきましょう。

　活動のために来校する場合は、日時や担当者、活動内容を校内に周知します。

コラム

相互貸借（I市の事例）

　市内の小中学校では公共図書館とも連携して「くれよん便」という名称で相互貸借のネットワークを組んでいます。授業で調べ学習を行う際に複数の資料が必要になったり、リクエストされた本を購入する代わりにほかから借りて提供するときなどは、メールやFaxで各校に依頼をします。その資料を提供できる図書館は一定期間貸し出しを行います。市役所の連絡棚を物流の中継点とし、運搬は主に校用で外回りをする職員にお願いしています。

　さらに、授業のテーマやねらいを伝えて必要な資料を提案してもらうなど、物流を越えた交流にもつながってきています。

用語解説

<アルファベット>

ISBN

（アイエスビーエヌ、International Standard Book Number）国際標準図書番号。図書を1冊1冊識別するための国際的なコード番号。番号が重複していないので、流通や検索キーに使用される。従来は10桁の数字だったが、番号の不足が見込まれることなどにより2007年より13桁になった。

MARC

（マーク、Machine Readable Cataloging、又はMachine Readable Catalog）機械可読目録。書誌データをコンピュータで読み取れるようにしたプログラムの形式（フォーマット）、または記録したもの。前者をMARCフォーマット、後者をMARCレコードとして区別することもある。MARCには、国立国会図書館が作成するJAPAN／MARCや民間が販売する商用MARCがある。

OPAC

（オパック又はオーパック、Online Public Access Catalog）オンライン利用者目録、オンライン閲覧目録。オンラインで検索できる利用者用の蔵書目録のこと。インターネットを通して館外からも利用できるようになっているOPACは、ウェブ・オパックという。

<ア・ウ>

アニマシオン

アニマシオンは英語のアニメーションと同義で、生気を与える、活性化するという意味がある。子どもたちを対象にして行う読書活動の一つ。『読書へのアニマシオン75の作戦』[※1]（マリア・モンセラット・サルト著）（スペイン）、『フランスの公共図書館60のアニマシオン』[※2]（ドミニク・アラミシェル著）が知られている。

受入

図書館資料（特に図書）が図書館に届けられて書架に配架するまでの一連の作業をいう。この作業には、検収（納品や領収書等のチェック）、登録（図書原簿記載またはデータ入力）、装備（押印、ラベル貼付、ブックコーティングなど）などが含まれる。

※1 柏書房 2001　※2 教育史料出版会 2010

<カ・キ・コ>

学習指導要領
小中高等学校の教育に関して、国が教育目標や内容、授業時間数などの基準を定めたもの。この学習指導要領に基づいて各社の検定用教科書が作成される。ほぼ10年ごとに改訂されている。

貸出方式
図書館資料の貸出から返却までの手続きのこと。予約や延滞などの処理も含む。コンピュータによらない場合は、一般にはカード式貸出にする。カード式貸出方式でよく知られているのは、利用記録の残るニューアーク式と、利用記録の残らないブラウン式（逆ブラウン式もあり）である。

貸出記録の残らないブラウン式は、利用者のプライバシーを守る貸出方法ということから、コンピュータが普及する前には多くの公共図書館で使用されていた。ブラウン式の貸出方法の特徴は、あらかじめ貸出限度冊数分の貸出カードを利用者に渡すこと、その貸出カードは袋状になっているところにある。貸出時には、借りる本に付けられているブックカード（請求記号、書名などが記載されている）を取り出し、袋状になっている貸出カードに挟んで保管する。逆ブラウン式は、貸出カードが袋状ではなくカードになっており、図書に添付されているブックカードの方が袋状になっている。

学校図書館協議会
各都道府県にある学校図書館の研究組織。学校図書館協議会の多くは、全国学校図書館協議会（全国SLA）と密接な協力関係を結んで活動している。

教育課程
カリキュラム。各学校が策定・実施するための教育計画。教育の目標、内容、配当時間などを学習段階に応じて組織化したもの。

校務分掌
校内の業務分担のこと。非常勤講師を除く全職員が分担することが多い。個々の名称や組織は学校によって異なる。図書（又は図書館）も分掌の一つであるが、視聴覚教育や情報教育と同じ分掌にされる場合もある。

子ども文庫
家庭や地域の施設で開かれている児童向けの小図書室。個人の家庭で行われている文庫を家庭文庫、地域の施設などで行われている文庫を地域文庫と呼ぶ。子どもたちに本を手渡したいという願いから設立されることが多く、同じ願いを持つ母親たちの交流の場となることもある。石井桃子『子どもの図書館』（岩波新書 1965）はこの先鞭をつけたことで知られている。

<シ・セ・ソ>

情報リテラシー
「リテラシー」とは読み書きができるという識字を意味する言葉だが、転用されて「～できる」

という意味で使われるようになった。情報リテラシーは、情報を利用する誰もが必要とされる情報を活用する能力のこと。情報を批判的に読み解くクリティカル・シンキングもこの能力に含まれる。対象となる情報は、デジタル資料に限らないすべての情報資源である。世界図書館連盟（IFLA）は、「メディア情報リテラシー」という言葉を使っている。

除籍
登録している図書館資料を図書原簿から抹消すること。除籍の対象となるのは、内容が古くなって利用できなくなった資料、汚損・破損した資料、所在不明の図書などである。除籍にあたっては、自治体や学校の物品管理規定に従う。また物品管理規定とは別に図書館として成文化した除籍基準を設け、それに準じて作業することが望ましい。除籍した資料の処理方法は、廃棄のほかに、保管転換（所属換え）、寄贈、売却などがある。

シラバス
教科の目標や内容、指導方法、評価方法等の概略を記した授業計画書。

選書
蔵書とすべき資料を選ぶこと。今日では、図書以外の多様な資料も収集することから、「選書」ではなく「選定」ということもある。

総合目録
複数の蔵書目録のデータを集めて一元的に検索できるようにした目録のこと。所蔵館もわかるようになっている。国立国会図書館の「国立国会図書館サーチ」は、都道府県立図書館や政令指定都市の図書館などの蔵書が検索できる総合目録である。「CiNii Books」は、全国の大学図書館等が参加している総合目録である。また、各都道府県立図書館のHPにはそれぞれの都道府県内の公共図書館の蔵書を一元的に検索できる総合目録や横断検索が設けられている。

蔵書構成
蔵書構成とは、分類別比率や図書・雑誌等の形態別比率、基本図書・参考図書・その他の図書館資料の比率など、蔵書の構造や構成をいう。蔵書の質を評価するために分析する視点となる。なお「蔵書構成」は、「蔵書構築」と同義の、蔵書を作り上げる意味で用いられることもある。

蔵書点検
蔵書が登録されているとおりに所蔵されているかどうかを確認する作業。1年に1回長期休み等の利用の少ない時期に行うことが多い。以前はカードを使って点検していたため手間がかかったが、コンピュータでデータ管理をしている図書館ではハンディタイプの読み取り機を使うので作業が大分軽減されるようになった。

装備
図書の受入作業で行う図書に対する手当てのこと。印を押したり、バーコードやラベルを貼ったり、ブックコーティングをしたり、貸出のための期限票を貼ったりすることがあてはまる。

<ト>

読書指導
児童生徒に対して、読書の動機づけ、読書習慣の形成、読書能力の涵養、幅広い読書への導入などを目的として行う指導のこと。読み聞かせ・読書感想文・読書会など、さまざまな読書活動を伴って行われることが多い。単発的なものと体系的なものとある。

図書館協会
図書館に関わる職員・管理者・市民等が参加して構成される職能団体。地域的なもの、館種によるものなどがある。日本図書館協会（JLA）は、館種を越えた全国組織である。

図書館資料
図書館が収集・保存して利用に供するもの。学校図書館法では、「図書、視聴覚教育の資料その他学校教育に必要な資料」と定義している（第2条）。雑誌、新聞、デジタル資料も含まれる。司書教諭養成の科目では「学校図書館メディア」、司書養成の科目では「図書館情報資源」という言葉も使用される。

図書原簿
図書館資料（図書）の原簿。図書館資料は、1点ずつ受入順に登録番号をつけ、データ（書誌事項、購入先、購入価格、請求記号等）を記録する。以前は冊子体だったが、最近ではコンピュータに入力することも増えてきた。

取次
出版社と書店を結ぶ本の問屋の役割をしている企業。トーハン・日本出版販売（日販）・大阪屋・栗田出版販売・中央社・太洋社・日教販など。大手2社のシェアが大きく、書店は、大概トーハンか日販の系列になっている。

<ハ・フ・ヘ・ホ>

配（排）架
図書館資料を書架上に置くこと、または戻すこと。

パスファインダー
図書館が作成して提供する調べものを支援するためのツール。ブックリストのように網羅的に資料を紹介するのではなく、道しるべのように資料の収集・検索・入手の手順や方法を示す。大きなテーマではなく、小さなトピックを扱うのに向いている。インターネット上で公開されているものも多くなったが、学校図書館の場合は従来どおりのリーフレットの形態が多い。

ブックトーク
あるテーマに関連づけて複数の本を選び、それらの本をつないで紹介すること。聞き手に本の魅力や特徴を伝え、読みたい気持ちを刺激することを目的とする。

別置
利用や管理の便を考えて大型図書、新書本、文庫本、参考図書、マンガ本、視聴覚資料などを別の書架にまとめて配架すること。ほかの図書と区別するため、分類記号にアルファベットをつけたり（たとえば大型図書はL、新書本はS、文庫本はB、参考図書はR、絵本はEというように）、別のラベルを加えたり、ラベルの色を変えたりする。進学コーナー、郷土コーナーなどの常設コーナーもこれに含まれる。

ホームルーム
小中学校の学級に対して、高校では「生徒の基礎的な生活集団として編成」されたホームルームがある。ホームルーム活動は、学習指導要領の特別活動に位置づけられ、年間35単位時間以上実施することが求められている。週1回行われるロングホームルーム（LHR）がこれにあたる。朝や帰宅時に連絡等を目的に短時間行われる会は、特別活動の時間にはあたらないが、ショートホームルーム（SHR）と呼ばれることもある。

＜リ・ル・レ＞

利用指導（利用教育）
児童生徒に図書館の利用方法や資料の探し方、参考資料の使い方などを指導すること。図書館オリエンテーションもこれに含まれる。必要に応じて単発的に行われることが多いが、系統的な指導も行われることが望ましい。

類縁機関
図書館と役割や性質が似ていて近い関係にある施設や組織。文書館、美術館、博物館、企業の資料室など。

レフェラルサービス
図書館で対応できないレファレンスに対処するため、図書館以外の機関（類縁機関や専門機関等）に問い合わせたり、利用者を案内したりするサービス。

〈付　録〉

● ちいさなことから始めよう！
学校図書館サービスチャンス発見シート

● できることから授業支援
授業支援準備シート

※付録の「学校図書館サービスチャンス発見シート」と「授業支援準備シート」は、利用者本人が使用するときのみ、くり返しコピーしてご活用いただけます。

> ちいさなことから始めよう！
>
> # 学校図書館
> # サービスチャンス発見シート
>
> ～需要の発見と、サービス提供による図書館の存在アピール～

1．学校図書館サービスチャンス発見シートとは

　この「学校図書館サービスチャンス発見シート」は、図書館サービスを実践するためのさまざまな「チャンス」やその対象となる人を、書き込みながら発見するためのツールです。学校の教育活動がわかる図や表を分析することで、学校を知り、需要を見いだして、ちいさなことから図書館サービスを行うことができます。

2．このシートの使い方

　自校の以下の図、表を用意し、チェックポイントを確認していきます。できているところ、できていないところを確認しながら、どれだったらできるかを考えてみましょう。そして難易度が低いと思われるものから手をつけ、将来的なことも考えながら、サービスチャンスを見つけましょう。

> **用意するもの**
>
> ① 館内図
> ② 校内図
> ③ 年間行事予定表　　校務分掌表　　職員名簿
> ④ 日課表

1．館内レイアウト…館内図

　利用者にアピールするのに一番手近で、手軽な館内。大改造は難しくても、ちいさな変化を積み重ねることで効果を期待できます。

自校の図書館のコンセプトはなんですか？（もしくはいま一番気になっていることは？）

| |
| |

それをふまえて

1.1　レイアウト

- ☐ 入り口の外観（ドア・窓などに入りやすくする工夫をしてみる）
  カウンターからの見通し（出入りは見えるか・新着本の反応・逆に目隠しがあるか）
- ☐ 入ったときに見える本棚の角度（動線に対し斜めに…本の背が見えた方が魅力的）
  面展示なども適宜取り入れてみる
- ☐ 入ったときに見える標示の向き
- ☐ 書棚の高さ（手が届かない範囲は使わない・段数を減らす）
- ☐ 書架の側面の利用（掲示コーナー・ミニ特集）
- ☐ 黒板・掲示板の利用／目立つ柱の処理（布でおおう・掲示場所にする）
- ☐ 予約・リクエストコーナーの設置（レファレンス・読書相談の案内）
- ☐ 新着本コーナーの設置（目立つ場所への移動）
- ☐ 新着本紹介リストの掲示
- ☐ 書棚のなかにミニコーナーを作ってみる

1.2　館内の雰囲気

- ☐ ぬいぐるみ、小物、児童生徒の制作物など雰囲気をやわらげるものを置いてみる
- ☐ 観葉植物などのグリーンを置いてみる
- ☐ 思い切ってペンキを塗る

1.3　ゾーニング

- ☐ 読み物（フィクション）の位置　（例：文庫と読み物を近づけ、入り口に配置）
- ☐ 何のそばに何を置けば効果的なのか？（以下は組み合わせの例）

雑誌、絵本、漫画（ブラウジングスペースの確保）
実用書（趣味・スポーツなど）／社会科学・自然科学
絵本、ファンタジー、児童文学　は近い方がよい？
- [ ] 机の向きを変更
- [ ] 机と椅子以外の座読スペースの確保（たたみ・ソファ）
- [ ] 窓の位置をいかして館内を明るく（入り口から窓へ向かってさえぎる物はないか）
- [ ] 冬場はストーブの位置（人が集まる）も考慮に入れて

2．校内動線…校内図

　学校内で、児童生徒・職員は決まったパターンで動いていることが多いものです。一番目につくところはどこか、そこを歩いている人の需要もあわせて考えてみることで広報や利用促進の効果が期待できます。

2.1　まず、以下の位置を確認します。
- [ ] 図書館の位置（児童生徒の動線上にあるか）
- [ ] 昇降口（それ以外の出入り口もあればチェック。必ず毎日通るところなので、図書館と近ければよい）
- [ ] HR教室（学年も大きなポイント。低学年と近い方がその後の利用も見込める）
- [ ] 移動教室
- [ ] 部室
- [ ] 体育館
- [ ] 返却ボックス
- [ ] 図書館用掲示板・ショーケースなど

2.2　実際に歩いて、以下のことをチェックし、校内図に書き込んでみます。
- [ ] 朝登校してから、夕方の下校まで、想定される生徒の動線を書き込んでみる
- [ ] 返却ボックス・掲示板・ショーケースなどが適切な場所にあるかどうか、なければどこが適当かを書き込んでみる
- [ ] 使わせてもらえる掲示板などがあるか確認し、そこには何をどう掲示するのが効果的かを考える。掲示板の管理者を確認しておく
一番人通りが激しいところ・登下校時に目にするところ→新着図書
保健室のそば→健康に関する本
体育館のそば→スポーツやトレーニングに関する本

教科と作品や掲示物の協力を考える（学年の掲示板には当該学年の作品を）
- [ ] 図書館から遠いHR教室へのアピール方法を考える
図書館まであと〇歩などの表示、図書館用の掲示板を近くに作る。

3．行事…年間行事予定表・校務分掌表・職員名簿

　学校の1年の流れを概観できる年間行事予定表。そのときそのとき、児童生徒や職員が何を念頭に過ごしているかをつかめば、時機を逃さないサービス提供が可能です。

3.1　貸出アップのために
- [ ] 定期考査、大きな行事の位置、長期休み（生徒児童の心に余裕があるときはいつ？）
- [ ] 図書だより・新着本投入の好機は校種により異なる（年間の貸出傾向を把握する）

3.2　行事前後に需要がある資料（資料の発注タイミングに注意）
- [ ] 新入生の部活加入（どんな部活があるのか？　勧誘の切実度は？　旧年度中に準備する）
- [ ] 部活の大会、公演など（トレーニング・食事・演目など・大会結果の掲示）
- [ ] 芸術鑑賞（演目は何か？　担当職員は？）
- [ ] 体育祭・運動会（種目のチェック・ルールブック・トレーニング方法）
- [ ] 文化祭（準備は4月から始まっている・職員会議に議題が出てくる頃には各係でやることは決まっている！）
- [ ] 進路・交通安全・性教育・人権・福祉などの講話（誰が来るのか・何をするのか）
- [ ] 漢字検定・英語検定など（受験者数・申し込み締めきり前に特集するのがポイント）
- [ ] 進路関連の行事（科目選択・三者面談・小論文・職場体験・実習など）
- [ ] 図書館のPRの機会（授業公開日・小中学生の学校見学・入試の待合室・校長講話など）
- [ ] 四季の行事（節分・桃の節句・端午の節句・七夕など）
- [ ] 学年行事（キャンプ・スキー・社会見学・修学旅行など）
- [ ] 校内の他の部署・委員会の行事（あいさつ・給食・保健・清掃など）

◎児童生徒や職員たちの様子を見ながら計画を立てる

3.3　校務分掌表・職員名簿
- [ ] 計画を立てるうえで、書かれていないことを聞きに行く相手を確認する（校務分掌表を見て担当者がわかれば職員会議に議題として出てくる前に情報を取りに行ける。4.の日課表も参照のこと）
- [ ] 職員の部活やクラス経営、テストなどによる繁閑の波（余裕を持った投げかけのタイミング）

4．日課表

忙しい学校の1日は分刻み。それだけに児童生徒も職員も決まった時間に決まったことをしているので、注意を引いたり、ふところに飛び込むチャンスは限られています。

- [ ] バスや電車の時間と開館時間の関係（児童生徒の待ち時間が勤務時間外にあるなら、ほかの職員と協力して開館しておくなど・帰宅の時間もアナウンス）
- [ ] 朝会・職員会議などの時間・頻度・参加者（できるだけ参加する）
- [ ] 学年会（学年への働きかけは学年会の前に）
- [ ] 朝読書・全校読書（頻度・実施状況）
- [ ] 図書の時間（頻度・来ない学級への働きかけ・事例を広報する）
- [ ] 学級活動やSHRの時間（本の紹介の時間をもらう）
- [ ] 校内放送の時間（申し込み方法・申し込み先は誰か？）
- [ ] 掲示物を貼り替える時間　（頻度・いつ？）
- [ ] 新刊を出す時間　（昼休み前・放課後・開館前など）
- [ ] 図書館の担当者どうしがとゆっくり話せるのはいつか（空き時間をチェック）
- [ ] 図書館だよりを出すタイミング（朝or放課後など・配り方確認）

兼務の職員の工夫
- [ ] 兼務の仕事の割り振り（朝は図書館、夕方閉館後に事務など。ただし業務を分担している相手にもよる）
- [ ] 書店などの業者の訪問時間（発注頻度や新刊チェックのタイミング）
- [ ] 相互貸借便の曜日と時間（職員の出張に頼っている場合はその曜日と時間）
- [ ] 図書館に絶対にいたい時間（児童生徒のいる時間。たとえば始業前・お昼休み・放課後・部活前、授業で利用のあるとき）

できることから授業支援

授業支援準備シート

[　　　　　　　]図書館

―― 目　次 ――

はじめに

1. 4月当初にすること

2. 日常的にすること

3. 依頼を受けてから授業が始まるまでにすること

4. 次の機会にいかすためにまとめておくこと

最後に…

1．授業支援とは

　授業や特別活動などの教育活動全般に対して、活動をより充実させるためにさまざまな資料や情報を提供して、図書館とその職員が教育活動を支援することを、ここでは授業支援といいます。学校図書館法第2条には、「図書、視覚聴覚教育の資料その他学校教育に必要な資料（以下「図書館資料」という。）を収集し、整理し、及び保存し、これを児童又は生徒及び教員の利用に供することによって、学校の教育課程の展開に寄与する」とあります。学校図書館の大事な業務の一つです。

　授業支援の目的は、児童生徒の自発的・主体的な学習活動を支援したり、教員の授業の内容を豊かにして、児童生徒の理解を深めたりすることにあります。支援にはさまざまな方法やレベルがあります(75ページ「Ⅲ働きかける－7授業支援」参照)。

　一方で図書館を生涯にわたり活用する能力を身につけてもらうために、情報の収集・選択・活用能力を育成するのも、大事な教育支援になります。これは図書館の利用者教育といいます。

　現実には、授業に関わっていいのかわからない、授業担当者が忙しそうで声をかけられない、資料の整備に追われて今は時間が取れない、図書館は期待されていない……。さまざまな事情で授業支援が遥か彼方に感じられ、今すぐには動けないかもしれません。しかし、授業で使われている教科書を読む、使えそうな資料があるかどうか棚を見る、資料の紹介をするなど、日頃の活動とあわせて少しずつ準備してみましょう。

2．シートの説明・使い方

　このシートは、授業支援において図書館職員が準備することや心がけておくことを洗い出したものです。学校全体の動きや時間の流れにあわせて、4月当初の動き、日常的にすること、事前準備、事後処理と大きく4つに分け、図書館がどう動くかをあげてあります。

　本文の「はじめに」にあるとおり、まずはできるところから始めてみましょう。終わった項目にはチェックを入れ、確認したこと、作成した資料など、どんどん書き込んでください。また、やってみて不都合なところ、よかったことなどあれば、次にいかせるように記録してみましょう。

　※1　各項目の前の□はチェック欄です。
　※2　a・b・cは選択項目です。

はじめに

★日常的な図書館サービスがあってこその教科等との連携である

- 日常的に使える図書館があってはじめて、授業での利用へと広がっていく。そして授業後には児童生徒の図書館利用が定着していく。
- 教科と連携した図書館活動は学校図書館に特徴的な活動であるが、利用者の資料要求に対する資料提供の活動の一つでもある。

★細かいことは気にしない。とにかくできることからやってみよう！

1. 4月当初にすること

1.1 学校全体の教育活動の流れを確認する

- 職員会議に出席し、学校・職員・児童生徒の動向に目を配り、図書館からの情報を発信する
- 可能であるなら、図書館係の誰かが必要に応じて学年会議・教科会議等の会議に出席する
- 必要な資料（1.1.1～1.1.2）の入手方法や入手先を確認しておく

☐1.1.1 　学校運営と職員体制を知るために、次の資料に目を通す

（呼称は地域によって異なる場合もある）

- ☐ 学校目標・教育目標・グランドデザイン
- ☐ 運営計画・経営計画（学校・学年・係・委員会など）
- ☐ 年間行事予定表
- ☐ 校務分掌表
- ☐ 学校要覧
- ☐ その他　［　　　　　　　　　　　　　　　　　　　　　　　　　　］

☐1.1.2 　授業の進行・ねらいを知るために、次の資料に目を通す

- ☐ 教育課程表
- ☐ 各教科の年間指導計画やシラバス
- ☐ 使用する教科書

- ☐ 時間割表・各教職員の担当授業表
- ☐ その他　[　　　　　　　　　　　　　　　　　　　　　　　　　　　]

☐ 1.1.3　前年度の図書館利用状況を確認し、今年度の見通しを立てる
- ☐ 年間購入予算・決算・購入内訳・蔵書構成
- ☐ 年間利用統計：児童生徒貸出数　職員貸出数　相互貸借　授業利用時間数
- ☐ 過去に図書館を利用した授業・行事の確認と、今年の動向のリサーチ
- ☐ 図書館で不足している教科・科目の資料の確認（前年度の利用実績などを参照）

1.2　年度初めの図書館利用の呼びかけ

☐ 1.2.1　職員対象の利用案内資料を作成する

盛り込みたい内容例

①日常の利用	資料の貸出／資料を探す／予約／レファレンス／コピーなど
②授業を作るための図書館利用	図書館利用の予約方法／調べ学習や行事での利用に際してお願いしたいこと／読み聞かせ・ブックトーク／目次・索引の使用法／百科事典の使い方／著作権講座／引用・出典の表記／本のコーナー設置／パスファインダー作成　など
③クラス担任へのお願い	資料配付／督促の対応／児童生徒異動／転入生へのガイダンス／児童生徒のプライバシー保護　など

④本校図書館から使える各種ネットワークやサービス案内
⑤図書館を活用した授業の実例、利用統計

☐ 1.2.2　職員オリエンテーションまたは「職員対象の利用案内資料」配布方法
- a　職員会議　　　b　職員のメールボックス　　　c　直接手渡しする
- d　その他[　　　　　　　　　　　　　　　　　　　　　　　　　　　]

☐ 1.2.3　新しく着任した職員へのオリエンテーション
- a　職場で行う新任職員へのオリエンテーションに加えてもらう
- b　資料配付のみ　　　c　その他[　　　　　　　　　　　　　　　　]

☐ 1.2.4 前年度の活動報告。報告することで、新たな利用のきっかけになることもある

報告する内容例
    ☐ 総利用時間数
    ☐ 利用教科、単元など
    ☐ 図書館の行った支援など
    ☐ 1.1.3 にあげた各種統計類

報告の方法
    a 職員会議　　b 職員のメールボックス　　c 直接手渡しする
    d その他[　　　　　　　　　　　　　　　　　　　　　　　]

1.3 外部機関の把握（連絡先や利用規程の一覧表を作っておくと便利）

☐ 1.3.1 相互協力可能な学校図書館の確認

☐ 1.3.2 公共図書館の利用条件などの確認

☐ 1.3.3 その他の外部機関
    官公庁・美術館・博物館など、情報が入手できる外部機関を知っておく

1.4 学校内で利用できる機器類の把握

☐ 1.4.1 授業で利用できる学校内の機器について、保管場所・管理責任者・利用方法を確認する

ホワイトボード	パソコン	スクリーン	プロジェクター
マイク	スピーカー	プリンター（白黒・カラー・サイズ）	
コピー機（白黒・カラー）	OHC（書画カメラ）	CDデッキ	DVDデッキ
ビデオデッキ	テレビ	ビデオカメラ	ICレコーダー
デジタルカメラ	電子黒板	タブレットPC	

☐ 1.4.2 機器の利用可能な部屋（LAN・暗幕・スピーカーなどの条件）と、管理責任者・利用方法を確認する

    視聴覚教室　　パソコン教室　　多目的教室　　会議室　　その他

2. 日常的にすること

2.1 学校内の情報を入手する

☐2.1.1 職員会議に出席してさまざまな情報に目を配る
　※職員会議に出席できない場合の資料や情報の入手先〔　　　　　　　　〕

☐2.1.2 学年会、教科会、係会等の、諸会議の開催日時と参加メンバーを知る

2.2 教職員との情報交換や交流、信頼を構築するために

☐2.2.1 各教職員の担当を把握する
　☐　校務分掌表
　☐　職員名簿
　☐　部屋割りと座席配置図
　☐　職員別時間割表
　☐　校内電話番号表
　☐　職員の得意分野や趣味

☐2.2.2 リクエストやレファレンスに迅速かつ誠実に対応し、図書館に対する印象を良くする

☐2.2.3 図書館係の職員が、研究室に出向いたり、公的私的を問わずほかの職員と接触する機会をとらえたりして、図書館のことについて話をする
　例：職員レクリエーション　飲み会　職員旅行　異校種交流会　各種研修会　など

☐2.2.4 職員に好印象な一言でコミュニケーションをとる
「何でも手伝いますからやりましょう」「また教えてください」「何かお探しですか」「またご利用ください」「どんどん使ってもらえるとうれしいです」「大丈夫です」「何か必要なものがあればご用意します」「こんな面白い本がありますよ」　など

2.3　図書館側の環境・資料整備

☐2.3.1　過去の事例（1.1.3参照）から利用されそうな分野の資料を充実させる

利用されそうな分野・ジャンル

_____
_____
_____

☐2.3.2　利用されそうな分野や資料については、ブックリストやコーナー、パスファインダーなどを作っておく（→Ⅲ働きかける－7授業支援参照）

① 作成したブックリスト・パスファインダーの分野・ジャンル

_____
_____
_____

② 設置している（していた）コーナーの分野・ジャンル

_____
_____
_____

☐2.3.3　図書以外の資料の整理

① 校内でとっていて、図書館で保管できそうな新聞

新聞名	入手先

② 新聞記事のスクラップ

収集分野	保管方法	収集分野	保管方法

③　リストやパンフレットの整理　分野・ジャンル

   _____

   _____

   _____

2.4　図書館利用のよびかけ

□2.4.1　職員向けの広報紙を発行する

①　発行間隔　　　a　隔週刊　　b　月刊　　c　隔月刊　　d　学期に1回
　　　　　　　　　e　その他 [　　　　　　　　　　　　　　　　]

②　配布方法　　　a　職員のメールボックス　　b　直接手渡しする
　　　　　　　　　c　職員会議　　d　その他 [　　　　　　　　　]

③　配慮すべき記事内容＆時期　（→Ⅲ働きかける－1広報参照）

発行時期	配慮すべき記事

□2.4.2　具体的な授業例や図書館の使い方の例などを提供する

□2.4.3　授業に役立ちそうな資料案内やコーナーを紹介する

□2.4.4　授業作りや教材収集のヒントになるような、催しもの、新聞記事、関係機関、外部講師などの情報を紹介する

□2.4.5　授業に必要な資料について聞き、資料収集の参考にする

□2.4.6　図書館利用の予定表を作成し、スケジュールを調整する

　　a　職員室・連絡室の掲示板　　b　図書館の掲示板　　c　LAN上で管理
　　d　その他 [　　　　　　　]

☐2.4.7　授業をするにあたり、図書館のできることをお知らせしておく
「何か用意する資料・機材はありますか」「（図書館を）予約しておきますか」
「資料を調べるための方法などをお話しする時間をもらえますか」
「○日までに連絡いただければ、必要な資料を買ったり、ほかの図書館から借りたりできますよ」

3. 依頼を受けてから授業が始まるまでにすること

3.1　授業担当者との打ち合わせ

☐3.1.1　打ち合わせ用の書式を用意する
必要と思われる項目は、下記3.1.2の項目を参照

☐3.1.2　以下の点について授業担当者と打ち合わせをする
① 授業のテーマ

② 授業のねらい
・授業のテーマについて具体的に何を調べるのか
・調べたものをどのようにまとめるのか
　新聞　　模造紙　ポスター　パンフレット　図鑑　　絵本　　まんが
　紙しばい　かるた　レポート　ビデオ番組　プレゼンテーションソフト
　ディベート　　　スピーチ
・どう評価するか

③ この授業を通して児童生徒に身につけてほしい能力・知識は何か
・○○についての基本的な知識を身につける
・分類と書架配置を理解する
・目次・索引・百科事典・辞典類を使う能力を身につける
・テーマの決め方を身につける
・引用と著作権を理解する
・発表する
・人に伝える能力を身につけることを目的とする
　以上の能力をどのような比率（例3：4：3）で重視するか。

④　実施クラス数、人数

⑤　総授業数のうち図書館を利用する時間数はどのくらいか

⑥　どのような方法で展開していくか
・テーマは与えるのか、自分で探すのか
・テーマについて自由に調べさせるのか、段階をふまえて調べるのか、系統立てて調べるのか
・異なるメディア、複数の資料を利用して調べていくのか
・個別学習かグループ学習か（グループ内での分担はありかなしかなど）

⑦　必要な資料
　　書籍・雑誌（記事）　　新聞（記事）　　外部資料（パンフレット、ちらしetc.）
　　インターネット　　　ＡＶ資料など

⑧　資料提供方法
・コーナーを設置
　　メリット：利用しやすい、図書館の支援を可視化
　　デメリット：書架で探す力が身につかない
・書架から児童生徒自身で本を探させる
　　充実した書架案内、事前説明、司書のレファレンスが必要

⑨　資料以外に用意するもの
　　ワークシート　　　クイズ　　記録用カード　　ブックリスト
　　パスファインダー　パソコン　プロジェクター　スクリーン
　　ホワイトボード　　授業中の図書館利用案内（文書）など

⑩　授業中に図書館としてどのように関わるのか
・授業はじめのオリエンテーション（何分間、実施者、何について説明するかなど）
・ガイダンス（分類・目次・索引・出典）
・授業中のレファレンス、アドバイス、指示
・実演（ブックトーク・読み聞かせ・朗読・掛け合いなど）
・その他

☐3.1.3　図書館の立場からより効果的な利用方法を提案していく
　　　・過去の作品例や、他校の実践例を参考にする

3.2　図書館側の準備（担当者と打ち合わせをして、必要なものについて行う）

☐3.2.1　授業担当者と蔵書の中から授業で有効な資料を検討、チェックする

☐3.2.2　資料のなかでほかの利用者が借りている場合、可能ならば返してもらうように連絡する

☐3.2.3　不足している資料があったら
　　① 予算的、時間的余裕がある場合は購入する
　　② 相互貸借で借りる

☐3.2.4　ワークシートやクイズなど、必要な教材を準備する

☐3.2.5　ブックリストを作成する

☐3.2.6　授業に有用なホームページや類縁機関をチェックする

☐3.2.7　必要に応じて、授業関連資料のコーナーを設置する

☐3.2.8　書架案内を充実させる

☐3.2.9　調べるための手引きとなる資料を作成する
　　・関連資料の探し方や調べ方（パスファインダー）
　　・辞典類の調べ方
　　・インターネットの使い方
　　・レポートのまとめ方
　　・参考文献記述の必要性

4. 次の機会にいかすためにまとめておくこと

4.1 図書館を利用した授業のまとめをする

☐4.1.1 次回以降の参考や情報交換のため、事例の蓄積・分析を行う記入する書式を準備する

　　分析のためのシート項目例：期間　教科単元　学年／クラス人数　テーマ
　　　　　　　　　　　　　　　図書館の対応　支援の問題点と改善案

☐4.1.2 授業担当者と以下の観点について、よかった点・悪かった点を検討し、支援の課題を洗い出す
　　・資料は十分だったか　（どんな資料があればもっとよかったか）
　　・資料の使い勝手はどうであったか（使える資料の評価を記録しておく）
　　・児童生徒の授業内容に対する取り組み具合
　　・時間配分、指示や配布物の手順は適切だったか
　　・設定目標の達成状況はどうか（評価基準やワークシートの有効性）

☐4.1.3 可能ならば担当教員と相談して、児童生徒に授業を終えてのアンケートを実施する
　　・資料は十分だったか
　　・図書館のサービスは十分だったか
　　・調べやすかったか
　　・施設や設備は十分だったか　　　など

☐4.1.4 授業における授業支援の状況を記録に残す

☐4.1.5 作品を収集する。可能ならばできのよい作品３点をもらう

☐4.1.6 最後に「また機会があれば利用してください」と申し添える

4.2 年度途中から後半における働きかけ

☐4.2.1 校内発行物の原稿依頼があった場合は快く引き受け、図書館活動について執筆する

学校新聞　　学級・学年・係通信　　PTA会報　　同窓会報　　職員文集
生徒会誌　　HP　　　など

☐4.2.2　教育懇談会や参観日などでは、とじこみ資料が配布されることがあるので、担当職員に図書館からの資料を入れてもよいかを確認し、可能ならば、授業支援や図書館活動についての資料を作成する。外部講師や外とのつながりを作ることや、資料の更新に役立つ

☐4.2.3　反省職員会議の日取りを確認し、図書館の反省について職員会議等で報告する。その際に、授業支援について言及する
　　　　言及する内容については→1.2.4参照

最後に…

でも、ここであげた方法を一気にぜーんぶ実践しようなんて、真面目に考えないでね。

ムリは禁物。少しずつ着実に……。

2009　学校図書館問題研究会　長野支部　作成　2014　改訂

あとがき

　私たち編集委員のメンバーは、学校図書館問題研究会（以下学図研）長野支部に所属しています。学図研は、全国の学校司書、司書教諭、市民、研究者など、学校図書館に関心を持つ幅広い人々で作る個人加盟の研究団体です。実践を持ちより、検討し、発展させ、理論化して日常の図書館活動にいかすことで、学校図書館の発展と充実を目指しています。長野支部ではどの学校でも同じレベルの図書館サービスを提供するために、学校図書館の業務や機能を可視化し、共有することを大事にしています。その研究から今までに「学校図書館チェックリスト」（2002年　学図研HP参照）、「学校図書館サービスチャンス発見シート」（2008年）、「授業支援準備シート」（2009年）などを作成してきました。

　しかし、これらの資料は学校図書館に関わり始めた方にはハードルが高いという声があり、もっと新人さんによりそったものを作りたいと考えるようになりました。具体的な図書館の業務については、図書館学のテキストや、自治体・研究団体が発行する業務マニュアルなどに詳しく解説されています。そこで長野支部では、県内の高校や小中学校の学校図書館職員の人たちにアンケートをとり、新規採用者が直面している問題や、かつて自分たちが新人のころに抱いた悩みを洗い出し、原因を分析し、解決方法を考えました。あわせて、業務全体のバランスを視野に入れたうえで、仕事の優先順位を考えることを提案する、業務モデル図を作りました。それが2010年に作成した「学校図書館スタートガイド」です。

　これをテキストにして、学図研の全国大会で分科会を持ち、また長野県内の2つの地区で「学校図書館1・2・3歩講座」を開催しました。これらの分科会や講座の中で寄せられたご意見をいかし、テキストの修正を行ってきました。新人司書の「なぜ？」は、私たちを常に原点に返らせてくれます。そして編集と講座の講師を担当した私たちが、もう一度学校図書館とは何かを考えるよい機会になりました。そして今回、学図研の大会がご縁で、このテキストを書籍

として出版させていただくこととなりました。

　今までに二度、学校図書館法改正（1997年・司書教諭に関する改正、2014年・学校司書に関する改正）が行われています。しかし、法改正は行われたものの学校司書の資格や身分、勤務形態が制度化されたわけではありません。勤務形態がしっかりしていないということでは司書教諭も同様です。学校図書館には、依然としてさまざまな立場の職員が、さまざまな身分や雇用条件で仕事に携わっており、当分の間はこの状態が続くと思われます。

　出版にあたっては、この現状で一人奮闘する皆さんのお手元に置いていただけるよう、元のテキストに多くの加筆を行いました。それでもすぐ隣にいて相談できる同僚の足元には及ばないでしょうが、一助になれば幸いです。

　本書は、学校図書館に「人」が置かれて以降、先輩方が常によりよい図書館サービスと図書館教育を模索し続けてきた活動の蓄積を、現職の私たちが受け継いでうまれたものです。編集にあたっては、さまざまに立場や経験年数も異なる編集委員が、それぞれの経験と知恵を出し合って作業を行ってきました。

　最後になりましたが、様々な悩みを寄せていただいた皆様に、そして今回出版のチャンスを与えてくださった少年写真新聞社と、煩雑な編集作業にしんぼう強くおつきあいくださった編集部の藤田千聡さんに、心より感謝申し上げます。

　　　　　　　　　　　　　　　　　　　　　　　　　代表　林貴子

資 料

学校図書館法

（昭和二十八年八月八日法律第百八十五号）

最終改正：平成二六年六月二七日法律第九三号

（この法律の目的）
第一条　この法律は、学校図書館が、学校教育において欠くことのできない基礎的な設備であることにかんがみ、その健全な発達を図り、もつて学校教育を充実することを目的とする。

（定義）
第二条　この法律において「学校図書館」とは、小学校（特別支援学校の小学部を含む。）、中学校（中等教育学校の前期課程及び特別支援学校の中学部を含む。）及び高等学校（中等教育学校の後期課程及び特別支援学校の高等部を含む。）（以下「学校」という。）において、図書、視覚聴覚教育の資料その他学校教育に必要な資料（以下「図書館資料」という。）を収集し、整理し、及び保存し、これを児童又は生徒及び教員の利用に供することによって、学校の教育課程の展開に寄与するとともに、児童又は生徒の健全な教養を育成することを目的として設けられる学校の設備をいう。

（設置義務）
第三条　学校には、学校図書館を設けなければならない。

（学校図書館の運営）
第四条　学校は、おおむね左の各号に掲げるような方法によつて、学校図書館を児童又は生徒及び教員の利用に供するものとする。
一　図書館資料を収集し、児童又は生徒及び教員の利用に供すること。
二　図書館資料の分類排列を適切にし、及びその目録を整備すること。
三　読書会、研究会、鑑賞会、映写会、資料展示会等を行うこと。
四　図書館資料の利用その他学校図書館の利用に関し、児童又は生徒に対し指導を行うこと。
五　他の学校の学校図書館、図書館、博物館、公民館等と緊密に連絡し、及び協力すること。
2　学校図書館は、その目的を達成するのに支障のない限度において、一般公衆に利用させることができる。

（司書教諭）
第五条　学校には、学校図書館の専門的職務を掌らせるため、司書教諭を置かなければならない。
2　前項の司書教諭は、主幹教諭（養護又は栄養の指導及び管理をつかさどる主幹教諭を除く。）、指導教諭又は教諭（以下この項において「主幹教諭等」という。）をもつて充てる。この場合において、当該主幹教諭等は、司書教諭の講習を修了した者でなければならない。
3　前項に規定する司書教諭の講習は、大学その他の教育機関が文部科学大臣の委嘱を受けて行う。
4　前項に規定するものを除くほか、司書教諭の講習に関し、履修すべき科目及び単位その他必要な事項は、文部科学省令で定める。

（学校司書）
第六条　学校には、前条第一項の司書教諭のほか、学校図書館の運営の改善及び向上を図り、児童又は生徒及び教員による学校図書館の利用の一層の促進に資するため、専ら学校図書館の職務に従事する職員（次項において「学校司書」という。）を置くよう努めなければならない。

2　国及び地方公共団体は、学校司書の資質の向上を図るため、研修の実施その他の必要な措置を講ずるよう努めなければならない。

（設置者の任務）
第七条　学校の設置者は、この法律の目的が十分に達成されるようその設置する学校の学校図書館を整備し、及び充実を図ることに努めなければならない。

（国の任務）
第八条　国は、第六条第二項に規定するもののほか、学校図書館を整備し、及びその充実を図るため、次の各号に掲げる事項の実施に努めなければならない。
一　学校図書館の整備及び充実並びに司書教諭の養成に関する総合的計画を樹立すること。
二　学校図書館の設置及び運営に関し、専門的、技術的な指導及び勧告を与えること。
三　前二号に掲げるもののほか、学校図書館の整備及び充実のため必要と認められる措置を講ずること。

　　附　則
　　　（略）

　　附　則（平成二六年六月二七日法律第九三号）
（施行期日）
1　この法律は、平成二十七年四月一日から施行する。

（検討）
2　国は、学校司書（この法律による改正後の学校図書館法（以下この項において「新法」という。）第六条第一項に規定する学校司書をいう。以下この項において同じ。）の職務の内容が専門的知識及び技能を必要とするものであることに鑑み、この法律の施行後速やかに、新法の施行の状況等を勘案し、学校司書としての資格の在り方、その養成の在り方等について検討を行い、その結果に基づいて必要な措置を講ずるものとする。

UNESCO/IFLA School Library Manifesto

The School Library in Teaching and Learning for All

The school library provides information and ideas that are fundamental to functioning successfully in today's information and knowledge-based society. The school library equips students with life-long learning skills and develops the imagination, enabling them to live as responsible citizens.

The Mission of the School Library

The school library offers learning services, books and resources that enable all members of the school community to become critical thinkers and effective users of information in all formats

ユネスコ学校図書館宣言
長倉美恵子／堀川照代　共訳
1999年11月批准

すべての者の教育と学習のための学校図書館

　学校図書館は、今日の情報や知識を基盤とする社会に相応しく生きていくために基本的な情報とアイデアを提供する。学校図書館は、児童生徒が責任ある市民として生活できるように、生涯学習の技能を育成し、また、想像力を培う。

学校図書館の使命

　学校図書館は、情報がどのような形態あるいは媒体であろうと、学校構成員全員が情報を批判的にとらえ、効果的に利用できるように、学習のためのサービス、図書、情報資源を提供する。学校図書館は、

111

and media. School Libraries link to the wider library and information network in accord with the principles in the UNESCO Public Library Manifesto.

The library staff support the use of books and other information sources, ranging from the fictional to the documentary, from print to electronic, both on-site and remote. The materials complement and enrich textbooks, teaching materials and methodologies.

It has been demonstrated that, when librarians and teachers work together, students achieve higher levels of literacy, reading, learning, problem-solving and information and communication technology skills.

School library services must be provided equally to all members of the school community, regardless of age, race, gender, religion, nationality, language, professional or social status. Specific services and materials must be provided for those who are unable to use mainstream library services and materials.

Access to services and collections should be based on the United Nations Universal Declaration of Human Rights and Freedoms, and should not be subject to any form of ideological, political or religious censorship, or to commercial pressures.

Funding legislation and networks

The school library is essential to every long-term strategy for literacy, education, information provision and economic, social and cultural development. As the responsibility of local, regional and national authorities, it must be supported by specific legislation and policies.

ユネスコ公共図書館宣言と同様の趣旨に沿い、より広範な図書館・情報ネットワークと連携する。

　図書館職員は、小説からドキュメンタリーまで、印刷資料から電子資料まで、あるいはその場でも遠くからでも、幅広い範囲の図書やその他の情報源を利用することを支援する。資料は、教科書や教材、教育方法を補完し、より充実させる。

　図書館職員と教師が協力する場合に、児童生徒の識字、読書、学習、問題解決、情報およびコミュニケーション技術の各技能レベルが向上することが実証されている。

　学校図書館サービスは、年齢、人種、性別、宗教、国籍、言語、職業あるいは社会的身分にかかわらず、学校構成員全員に平等に提供されなければならない。通常の図書館サービスや資料の利用ができない人々に対しては、特別のサービスや資料が用意されなければならない。

　学校図書館のサービスや蔵書の利用は、国際連合世界人権・自由宣言に基づくものであり、いかなる種類の思想的、政治的、あるいは宗教的な検閲にも、また商業的な圧力にも屈してはならない。

財政、法令、ネットワーク

　学校図書館は、識字、教育、情報提供、経済、社会そして文化の発展についてのあらゆる長期政策にとって基本的なものである。地方、地域、国の行政機関の責任として、学校図書館は特定の法令あるいは施策によって維持されなければならない。

School Libraries must have adequate and sustained funding for trained staff, materials, technologies and facilities. They must be free of charge.

The school library is an essential partner in the local, regional and national library and information network.

Where the school library shares facilities and/or resources with another type of library, such as a public library, the unique aims of the school library must be acknowledged and maintained.

Goals of the school library

The school library is integral to the educational process.

The following are essential to the development of literacy, information literacy, teaching, learning and culture and are core school library services:

- supporting and enhancing educational goals as outlined in the school's mission and curriculum;
- developing and sustaining in children the habit and enjoyment of reading and learning, and the use of libraries throughout their lives;
- offering opportunities for experiences in creating and using information for knowledge, understanding, imagination and enjoyment;
- supporting all students in learning and practising skills for evaluating and using information, regardless of form, format or medium, including sensitivity to the modes of communication within the community;
- providing access to local, regional, national and global resources and opportunities that expose learners to diverse ideas, experiences and opinions;
- organizing activities that encourage cultural and social awareness and sensitivity;

　学校図書館には、訓練された職員、資料、各種技術および設備のための経費が十分かつ継続的に調達されなければならない。それは無料でなければならない。

　学校図書館は、地方、地域および全国的な図書館・情報ネットワークを構成する重要な一員である。

　学校図書館が、例えば公共図書館のような他館種図書館と設備や資料等を共有する場合には、学校図書館独自の目的が認められ、主張されなければならない。

学校図書館の目標

　学校図書館は教育の過程にとって不可欠なものである。

　以下に述べることは、識字、情報リテラシー、指導、学習および文化の発展にとって基本的なことであり、学校図書館サービスの核となるものである。
- ●学校の使命およびカリキュラムとして示された教育目標を支援し、かつ増進する。
- ●子ども達に読書の習慣と楽しみ、学習の習慣と楽しみ、そして生涯を通じての図書館利用を促進させ、継続させるようにする。
- ●知識、理解、想像、楽しみを得るために情報を利用し、かつ創造する体験の機会を提供する。
- ●情報の形式、形態、媒体が、地域社会に適合したコミュニケーションの方法を含めどのようなものであっても、すべての児童生徒が情報の活用と評価の技能を学び、練習することを支援する。
- ●地方、地域、全国、全世界からの情報入手と、さまざまなアイデア、経験、見解に接して学習する機会を提供する。
- ●文化的社会的な関心を喚起し、それらの感性を錬磨する活動を計画する。

- working with students, teachers, administrators and parents to achieve the mission of the school;
- proclaiming the concept that intellectual freedom and access to information are essential to effective and responsible citizenship and participation in a democracy;
- promoting reading and the resources and services of the school library to the whole school community and beyond.

The school library fulfils these functions by developing policies and services, selecting and acquiring resources, providing physical and intellectual access to appropriate sources of information, providing instructional facilities, and employing trained staff.

Staff

The school librarian is the professionally qualified staff member responsible for planning and managing the school library, supported by as adequate staffing as possible, working together with all members of the school community, and liaising with the public library and others.

The role of school librarians will vary according to the budget and the curriculum and teaching methodology of the schools, within the national legal and financial framework. Within specific contexts, there are general areas of knowledge that are vital if school librarians are to develop and operate effective school library services: resource, library, and information management and teaching.

In an increasingly networked environment, school librarians must be competent in planning and teaching different information-handling skills to both teachers and students. Therefore they must continue their professional training and

●学校の使命を達成するために、児童生徒、教師、管理者、および両親と協力する。

●知的自由の理念を謳い、情報を入手できることが、民主主義を具現し、責任ある有能な市民となるためには不可欠である。

●学校内全体および学校外においても、読書を奨励し、学校図書館の資源やサービスを増強する。

以上の機能を果たすために、学校図書館は方針とサービスを樹立し、資料を選択・収集し、適切な情報源を利用するための設備と技術を整備し、教育的環境を整え、訓練された職員を配置する。

職　員

　学校図書館員は、可能なかぎり十分な職員配置に支えられ、学校構成員全員と協力し、公共図書館その他と連携して、学校図書館の計画立案や経営に責任がある専門的資格をもつ職員である。

　学校図書館員の役割は、国の法的、財政的な条件の下での予算や、各学校のカリキュラム、教育方法によってさまざまである。状況は異なっても、学校図書館員が効果的な学校図書館サービスを展開するのに必要とされる共通の知識領域は、情報資源、図書館、情報管理、および情報教育である。

　増大するネットワーク環境において、教師と児童生徒の両者に対し、学校図書館員は多様な情報処理の技能を計画し指導ができる能力をもたなければならない。したがって、学校図書館員の専門的な継続教育と専門性の向上が必要とされる。

development.

Operation and Management

To ensure effective and accountable operations:

- the policy on school library services must be formulated to define goals, priorities and services in relation to the school's curriculum;
- the school library must be organized and maintained according to professional standards;
- services must be accessible to all members of the school community and operate within the context of the local community;
- co-operation with teachers, senior school management, administrators, parents, other librarians and information professionals, and community groups must be encouraged.

Implementing the Manifesto

Governments, through their ministries responsible for education, are urged to develop strategies, policies and plans which implement the principles of this Manifesto. Plans should include the dissemination of the Manifesto to initial and continuing training programmes for librarians and teachers.

運営と管理

効果的で責任のもてる運営を確実にするためには、

- 学校図書館サービスの方針は、各学校のカリキュラムに関連させて、その目標、重点、サービス内容が明らかになるように策定されなければならない。
- 学校図書館は専門的基準に準拠して組織され、維持されなければならない。
- サービスは学校構成員全員が利用でき、地域社会の条件に対応して運営されなければならない。

- 教師、学校管理者幹部、行政官、両親、他館種の図書館員、情報専門家、ならびに地域社会の諸団体との協力が促進されなければならない。

宣言の履行

政府は、教育に責任をもつ省庁を通じ、この宣言の諸原則を履行する政策、方針、計画を緊急に推進すべきである。図書館員と教師の養成および継続教育において、この宣言の周知を図る諸計画が立てられなければならない。

| 図書館の自由に関する宣言 |
| 日本図書館協会 |

1954　採　択
1979　改　訂

　図書館は、基本的人権のひとつとして知る自由をもつ国民に、資料と施設を提供することをもっとも重要な任務とする。
1.　日本国憲法は主権が国民に存するとの原理にもとづいており、この国民主権の原理を維持し発展させるためには、国民ひとりひとりが思想・意見を自由に発表し交換すること、すなわち表現の自由の保障が不可欠である。知る自由は、表現の送り手に対して保障されるべき自由と表裏一体をなすものであり、知る自由の保障があってこそ表現の自由は成立する。
　知る自由は、また、思想・良心の自由をはじめとして、いっさいの基本的人権と密接にかかわり、それらの保障を実現するための基礎的な要件である。それは、憲法が示すように、国民の不断の努力によって保持されなければならない。
2.　すべての国民は、いつでもその必要とする資料を入手し利用する権利を有する。この権利を

115

社会的に保障することは、すなわち知る自由を保障することである。図書館は、まさにこのことに責任を負う機関である。

3. 図書館は、権力の介入または社会的圧力に左右されることなく、自らの責任にもとづき、図書館間の相互協力をふくむ図書館の総力をあげて、収集した資料と整備された施設を国民の利用に供するものである。

4. わが国においては、図書館が国民の知る自由を保障するのではなく、国民に対する「思想善導」の機関として、国民の知る自由を妨げる役割さえ果たした歴史的事実があることを忘れてはならない。図書館は、この反省の上に、国民の知る自由を守り、ひろげていく責任を果たすことが必要である。

5. すべての国民は、図書館利用に公平な権利をもっており、人種、信条、性別、年齢やそのおかれている条件等によっていかなる差別もあってはならない。外国人も、その権利は保障される。

6. ここに掲げる「図書館の自由」に関する原則は、国民の知る自由を保障するためであって、すべての図書館に基本的に妥当するものである。

この任務を果たすため、図書館は次のことを確認し実践する。

第1 図書館は資料収集の自由を有する

1. 図書館は、国民の知る自由を保障する機関として、国民のあらゆる資料要求にこたえなければならない。

2. 図書館は、自らの責任において作成した収集方針にもとづき資料の選択および収集を行う。その際、

   （1） 多様な、対立する意見のある問題については、それぞれの観点に立つ資料を幅広く収集する。

   （2） 著者の思想的、宗教的、党派的立場にとらわれて、その著作を排除することはしない。

   （3） 図書館員の個人的な関心や好みによって選択をしない。

（4） 個人・組織・団体からの圧力や干渉によって収集の自由を放棄したり、紛争をおそれて自己規制したりはしない。

（5） 寄贈資料の受入にあたっても同様である。図書館の収集した資料がどのような思想や主張をもっていようとも、それを図書館および図書館員が支持することを意味するものではない。

3. 図書館は、成文化された収集方針を公開して、広く社会からの批判と協力を得るようにつとめる。

第2 図書館は資料提供の自由を有する

1. 国民の知る自由を保障するため、すべての図書館資料は、原則として国民の自由な利用に供されるべきである。図書館は、正当な理由がないかぎり、ある種の資料を特別扱いしたり、資料の内容に手を加えたり、書架から撤去したり、廃棄したりはしない。提供の自由は、次の場合にかぎって制限されることがある。これらの制限は、極力限定して適用し、時期を経て再検討されるべきものである。

   （1） 人権またはプライバシーを侵害するもの

   （2） わいせつ出版物であるとの判決が確定したもの

   （3） 寄贈または寄託資料のうち、寄贈者または寄託者が公開を否とする非公刊資料

2. 図書館は、将来にわたる利用に備えるため、資料を保存する責任を負う。図書館の保存する資料は、一時的な社会的要請、個人・組織・団体からの圧力や干渉によって廃棄されることはない。

3. 図書館の集会室等は、国民の自主的な学習や創造を援助するために、身近にいつでも利用できる豊富な資料が組織されている場にあるという特徴を持っている。図書館は、集会室等の施設を、営利を目的とする場合を除いて、個人、団体を問わず公平な利用に供する。

4. 図書館の企画する集会や行事等が、個人・組織・団体からの圧力や干渉によってゆがめられてはならない。

第3　図書館は利用者の秘密を守る

1. 読者が何を読むかはその人のプライバシーに属することであり、図書館は、利用者の読書事実を外部に漏らさない。ただし、憲法第35条にもとづく令状を確認した場合は例外とする。
2. 図書館は、読書記録以外の図書館の利用事実に関しても、利用者のプライバシーを侵さない。
3. 利用者の読書事実、利用事実は、図書館が業務上知り得た秘密であって、図書館活動に従事するすべての人びとは、この秘密を守らなければならない。

第4　図書館はすべての検閲に反対する

1. 検閲は、権力が国民の思想・言論の自由を抑圧する手段として常用してきたものであって、国民の知る自由を基盤とする民主主義とは相容れない。検閲が、図書館における資料収集を事前に制約し、さらに、収集した資料の書架からの撤去、廃棄に及ぶことは、内外の苦渋にみちた歴史と経験により明らかである。したがって、図書館はすべての検閲に反対する。
2. 検閲と同様の結果をもたらすものとして、個人・組織・団体からの圧力や干渉がある。図書館は、これらの思想・言論の抑圧に対しても反対する。
3. それらの抑圧は、図書館における自己規制を生みやすい。しかし図書館は、そうした自己規制におちいることなく、国民の知る自由を守る。

図書館の自由が侵されるとき、われわれは団結して、あくまで自由を守る。

1. 図書館の自由の状況は、一国の民主主義の進展をはかる重要な指標である。図書館の自由が侵されようとするとき、われわれ図書館にかかわるものは、その侵害を排除する行動を起こす。このためには、図書館の民主的な運営と図書館員の連帯の強化を欠かすことができない。
2. 図書館の自由を守る行動は、自由と人権を守る国民のたたかいの一環である。われわれは、図書館の自由を守ることで共通の立場に立つ団体・機関・人びとと提携して、図書館の自由を守りぬく責任をもつ。
3. 図書館の自由に対する国民の支持と協力は、国民が、図書館活動を通じて図書館の自由の尊さを体験している場合にのみ得られる。われわれは、図書館の自由を守る努力を不断に続けるものである。
4. 図書館の自由を守る行動において、これにかかわった図書館員が不利益をうけることがあってはならない。これを未然に防止し、万一そのような事態が生じた場合にその救済につとめることは、日本図書館協会の重要な責務である

(1979. 5.30　総会決議)

http://www.jla.or.jp/library/gudeline/tabid/232/Default.aspx

図書館学の五法則
ランガナタン／竹内悊 訳

第1法則　Books are for use. ／本は利用するためのものである

第2法則　Every Person His or Her Books. ／いずれの人にもすべて、その人の本を

第3法則　Every Book Its Reader. ／いずれの本にもすべて、その読者を

第4法則　Save the Time of the Reader. ／読者の時間を節約せよ

第5法則　A Library is a Growing Organism. ／図書館は成長する有機体である

『「図書館学の五原則」をめぐる188の視点』日本図書館協会 2012 より

その他の参考資料

新学習指導要領・生きる力　文部科学省（平成 23 年 1 月）
http://www.mext.go.jp/a_menu/shotou/new-cs/youryou/index.htm

小学校学習指導要領（平成 20 年 3 月）
http://www.mext.go.jp/a_menu/shotou/new-cs/youryou/syo/index.htm

中学校学習指導要領（平成 20 年 3 月）
http://www.mext.go.jp/a_menu/shotou/new-cs/youryou/chu/index.htm

高等学校学習指導要領（平成 21 年 3 月）
http://www.mext.go.jp/a_menu/shotou/new-cs/youryou/1304427.htm

特別支援学校学習指導要領（平成 21 年 3 月）
http://www.mext.go.jp/a_menu/shotou/new-cs/youryou/1304429.htm

『これからの学校図書館の活用の在り方等について（報告）』子どもの読書サポーターズ会議(平成 21 年 3 月)
http://www.mext.go.jp/a_menu/shotou/dokusho/meeting/__icsFiles/afieldfile/2009/05/08/1236373_1.pdf

『これからの学校図書館担当職員に求められる役割・職務及びその資質能力の向上方策等について（報告）』学校図書館担当職員の役割及び その資質の向上に関する調査研究協力者会議(平成 26 年 3 月)
http://www.mext.go.jp/b_menu/shingi/chousa/shotou/099/houkoku/1346118.htm

子どもの読書活動の推進に関する法律（平成 13 年 12 月）
http://law.e-gov.go.jp/htmldata/H13/H13HO154.html

執筆者（所属は 2015 年 3 月現在）

代表
林 貴子　　　　長野県辰野高等学校　学校司書

赤羽 麻依　　　塩尻市辰野町中学校組合立両小野中学校　学校司書
上小澤 久美子　塩尻市立宗賀小学校　学校司書
篠原 由美子　　松本大学松商短期大学部　教授
清水 満里子　　長野県諏訪清陵高等学校　学校司書
竹腰 史佳　　　長野県大町北高等学校　学校司書
田中 喜美江　　伊那市立伊那中学校　学校司書
樋本 有希　　　飯田市立中央図書館 司書
松井 正英　　　長野県茅野高等学校　学校司書
矢口 芙美子　　伊那市立西春近南小学校 / 同市立伊那西小学校　学校司書
吉田 綾　　　　長野県長野東高等学校　学校司書

しなのがくと　学校図書館問題研究会長野支部　http://shinanogakuto.fc2web.com/
学校図書館問題研究会　http://gakutoken.net/

※本書掲載のデータ、ホームページアドレスは初版発行時のものです。ご活用の際は最新のものをご確認ください。

カバーデザイン：高宮麻紀

キャラクターデザイン・イラスト：森千夏

サンカクくんと問題解決！
学校司書・司書教諭・図書館担当者のための 学校図書館スタートガイド

2015年4月24日　初版第1刷発行　　2019年4月15日　初版第3刷発行

編・著	学校図書館スタートガイド編集委員会
発 行 人	松本恒
発 行 所	株式会社　少年写真新聞社
	〒102-8232　　　東京都千代田区九段南4-7-16
	市ヶ谷KTビルⅠ
	TEL　03-3264-2624　FAX　03-5276-7785
	URL　http://www.schoolpress.co.jp/
印 刷 所	株式会社 平河工業社

Ⓒ The editorial board of a start guide for school libraries 2015　Printed in Japan
ISBN978-4-87981-523-1　C3000　NDC017

編集：藤田千聡　DTP：横山昇用・服部智也　校正：石井理抄子　編集長：野本雅央

本書を無断で複写、複製、転載、デジタルデータ化することを禁じます。乱丁・落丁本はお取り替えいたします。
定価はカバーに表示してあります。